BremenPass

SpecialReiseführer

W0235716

PASSPORT
TRAVELLERS
Authority for
Foreign Affairs

Wer diesen Paß besitzt und nutzt kann sich
als kundige/r Bürger/in dieser Stadt ausweisen:
auf Lebenszeit.

The holder of this passport has proved
him/herself to be a well informed citizen
of Bremen. Valid for life.

Sichtvermerke, Stempel von Hotels, Museen, Restaurants etc.
Visas, stamps of hotels, museums, restaurants etc.

Sichtvermerke, Stempel von Hotels, Museen, Restaurants etc.
Visas, stamps of hotels, museums, restaurants etc.

Name(n) / name(s)

Vorname(n) / Christian name(s)

Geburtsdatum / date of birth • Geburtsort / place of birth

Wohnort / place of residence

Künstlername / pseudonym

Kinder / Children

Name(n) / name(s)	Geburtsdatum / date of birth
Name(n) / name(s)	Geburtsdatum / date of birth
Name(n) / name(s)	Geburtsdatum / date of birth

Haustiere / Pets

Name / name	Tierart / species of animal
Name / name	Tierart / species of animal

Herzlich willkommen!

Mit diesem Paß werden Sie überall gerne empfangen werden. Er öffnet Ihnen die Türen in den Museen, Restaurants, Galerien, Szene-Kneipen, Theatern, Kultureinrichtungen, Bistros und historischen Stätten: zu den dort geltenden Öffnungszeiten und Eintrittspreisen. *Viel Vergnügen.*

auch
mit Foto
gültig

also valid
with photograph

Welcome

As holder of this passport you will be made welcome everywhere in Bremen. It is your key to museums, restaurants, galleries, pubs, theatres, cultural attractions, cafés and historical monuments: at their specific opening hours and entrance fees. *Have a good time!*

Unterschrift / signature

Ein Special-Paß
für Bremer/innen
und Reisende
aller Nationen

A special passport
for Bremen residents
and travellers
of all nations

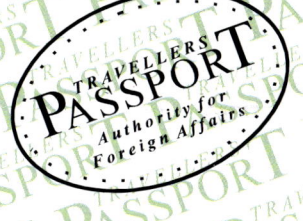

TP - Paßamt / TP - Authority

Bremen: die Stadt und das Leben

„Bremen ist schön, ein Dorf mit Straßenbahn und Weltstadt zugleich" sagen die Leute. Hier läßt es sich gut leben. Eine grüne Stadt mit schönen Stadtvierteln, in denen auch Senatoren mit dem Rad fahren.

Bremen ist die Metropole der Radfahrer, der Wandbilder und des erfolgreichen Fußballsports. Hier kann man zu Fuß alle interessanten Sehenswürdigkeiten sowie Kunst- und Kulturstätten erreichen. Abends in noblen oder kleinen, ungewöhnlichen Restaurants speisen sowie die vielfältigen Szene-Kneipen besuchen.

Stadt am Fluß

Es macht Spaß, das einmalige Flair der Straßen mit den typischen Altbremer-Häusern zu spüren, in den facettenreichen Einkaufspassagen sowie den Straßen der City zu bummeln und sich Gutes zu gönnen in zahlreichen Cafés und Bistro´s.

Bremen ist der zweitwichtigste Hafen Deutschlands, obgleich man in der Stadt relativ wenig davon bemerkt. Ebenso wenig wie von Mercedes, der Klöckner-Hütte, Jacobs-Kaffee, EDUSCHO, Kellogs, Becks-Bier, den Werften und Reedereien, der Airbus- und Weltraumindustrie, den vielen Schiffsmaklern und Designern, Werbeagenturen und Verlagen.

Nach Jahrzehnten absoluter SPD-Mehrheit wird seit 1991 der Senat der Freien Hansestadt, also die Landesregierung, von SPD, FDP und den Grünen gebildet.

Dieser SpecialReiseführer zeigt wo, wann, was passiert: Regierungsunabhängig und nur seinen Nutzern verpflichtet.

KurzInfo

Freie Hansestadt, **535.000 Einwohner,** erstreckt sich über 42 km an der Weser entlang, ca. 170 km Deiche, 650 km Radwegenetz

Autokennzeichen: HB

Bundesland: bestehend aus den Städten Bremen und Bremerhaven

Fläche: zusammen rund 400 qkm, durch 37 km Niedersachsen getrennt

Vorwahl: **Bremen** 04 21 **Bremerhaven** 04 71

Anreise & Ankunft

mit dem Auto: A 1 aus Richtung Ruhrgebiet, Osnabrück bzw. Hamburg, A 27 aus Richtung Hannover, Walsrode bzw. Bremerhaven

mit der Bahn: angeschlossen an das ICE-Netz, IC-Züge zu allen wichtigen Städten, Hauptbahnhof direkt im Zentrum gelegen

mit dem Flugzeug: neben Hamburg und Hannover drittgrößter Flughafen im Norden; vom Airport Bremen in die City (3 km vom Zentrum entfernt): mit der Straßenbahn Linie 5 bis Haltestelle Brill oder mit dem Taxi

Touristinfo / Stadtführung / Stadtrundfahrt / Souvenirs

Tourist-Information am Hauptbahnhof, Tourist-Information Liebfrauenkirchhof, Geschäftsstelle des Verkehrsvereins der Freien Hansestadt Tel. (0421) 30800-0

Öffnungszeiten

Geschäfte in der City: Mo - Fr 9.30 - 18.30 Uhr, Do 9.30 - 20.30 Uhr, Sa 9 - 14 Uhr. 1. Sa im Monat: April - September 9 - 16 Uhr, Oktober - März 9 - 18 Uhr. In den Stadtteilen mittags von 12.30 - 14.30 bzw. von 13 - 15 Uhr geschlossen

Banken: Mo, Di, Mi 9 - 16.30 Uhr, Do 9 - 18 Uhr, Fr 9 - 15.30 Uhr

Postämter: Mo - Fr 9 - 13 Uhr und 15 - 18 Uhr, Sa 9 - 12 Uhr, in Einkaufszentren und in der City Öffnungszeiten wie der Einzelhandel

Öffentliche Verkehrsmittel

Bus & Straßenbahn: Einzelfahrschein 3,- DM, günstigere Sammelkarten im Vorverkauf. Tageskarte (Bremer Kärtchen) 6,50 DM; Fahrtzeit: 5 - 24 Uhr, Nachtlinien: Fr, Sa und vor Feiertagen um 1 und um 2.30 Uhr ab Domsheide

Taxi: Tel. 1 41 41, 1 44 33, 1 40 14; Kosten: 2,- bis 2,20 DM pro Kilometer

Fahrradverleih: Fahrradstation Bremen, Bahnhofsplatz, Tel. 30 21 14, März - Dezember Mo - Fr 9.30 - 13 und 14.30 - 17 Uhr, Juni - September Sa und So zusätzliche Fahrradausgabe von 9.30 - 12 und Rückgabe von 17.30 - 18 Uhr

Parken 15 Parkhäuser in der City, P + R auf der Bürgerweide

Pannenhilfe ADAC 1 92 11, ACE 32 30 53

Campingplatz Bremen, Am Stadtwaldsee 1 (Nähe Uni), Tel. 21 20 02

Der Rundgang beginnt an der Domsheide. Wenn Sie mit dem Auto anreisen, empfiehlt es sich, das Auto in einer der nahegelegenen Parkgaragen abzustellen (-> *a bis z,* Parken). Wenn Sie öffentliche Verkehrsmittel bevorzugen, können Sie zwischen den Straßenbahnlinien 1, 2, 3 und 5 und den Buslinien 24, 25, 30, 31, 33 und 34 wählen, die alle an der Domsheide halten. Bremer Rundgang ca. 1-2 Stunden

Der **St.-Petri-Dom** wurde dem heiligen Petrus geweiht, dessen Schlüssel für Himmel und Hölle sich noch heute im Wappen der Stadt findet. Die Bremer/innen interpretieren ihr Wappen allerdings ganz anders: sie sehen darin den Schlüssel zur Welt! (Seite 10)

Bevor Sie sich dem Rathaus zuwenden, sollten Sie sich den **Spuckstein** anschauen. Er befindet sich auf einer gedachten Linie, die vom Seitenportal des Doms zum Neptunbrunnen auf dem Domshof führt. An dieser Stelle wurde die Giftmörderin Gesche Gottfried 1831 öffentlich hingerichtet. (Seite 10)

Der steinerne **Roland** beherrscht seit 1404 den Marktplatz und symbolisiert das freiheitliche Selbstbewußtsein der Hansestädter/innen. (Seite 12)

Das **Rathaus** wurde 1405 - 1410 errichtet und 1608 - 1612 mit der prächtigen Fassade im Weser-renaissancestil verziert. (Seite 13)

Links neben dem Rathaus stehen etwas versteckt und viel kleiner als man sie sich gemeinhin vorstellt die **Bremer Stadtmusikanten** (Seite 15).

Eine detaillierte Beschreibung der Sehenswürdigkeiten finden Sie auf den folgenden Seiten.

Wenn Sie die Böttcherstraße einmal ganz durchquert haben, führt eine Fußgängerunterführung zur Martinikirche und zum **Martini-Anleger** (Seite 18). Von hier aus gelangen Sie über den Uferweg und einen zweiten Fußgängertunnel zum Stavendamm, der nach links zum Schnoor führt. Im **Schnoor** sind noch eine Anzahl alter Bürgerhäuser erhalten und liebevoll restauriert worden. (Seite 18)

Folgen Sie nun der Gasse, die neben dem Schütting beginnt. Sie gelangen zu Bremens "heimlicher Hauptstraße", der **Böttcherstraße**. Hier erwarten Sie u. a. das Paula- Becker-Modersohn-Haus, der Handwerkerhof, das Ludwig-Roselius-Haus und das Glockenspiel. (Seite 15)

Gegenüber dem Rathaus befindet sich der **Schütting**, das alte Gildehaus der bremischen Kaufleute, der heute die Handelskammer beherbergt. (Seite 15)

Das einzige moderne Gebäude am Marktplatz ist das **Haus der Bürgerschaft**, in dem die Bremer Bürgerschaft (Landesparlament) tagt (Führungen: Mo - Fr 10 und 14.15 Uhr). Es wurde 1963 - 66 auf dem Gelände der 1944 zerstörten Börse erbaut.

Der St.-Petri-Dom

Der St.-Petri-Dom ist eine der ältesten deutschen Kathedralen und wurde in seiner heutigen Form zwischen 1035 und 1072 errichtet. Durch spätere Umgestaltungen weist der Bau Elemente von der Spätromanik bis hin zur Spätgotik auf. Im 19. Jahrhundert wurde die Westfront, zum Marktplatz hin, restauriert und die teilweise eingestürzten Türme erneuert und erhöht. Der Südturm ist im Sommer besteigbar. Nach 265 Stufen entschädigt ein herrlicher Blick auf die Stadt für die Anstrengung. Im Inneren des Doms verbinden sich Romanik und Gotik auf harmonische Weise miteinander. Wenn Sie sich für Kunstgeschichte interessieren, sollten Sie sich die Schätze dieser Basilika nicht entgehen lassen.

In der Ostkrypta befindet sich seit 1987 das Dom-Museum. Es dokumentiert die Geschichte des Doms und zeigt Funde aus den in den 70er Jahren entdeckten Bischofsgräbern.

Zum Dom-Museum gehört auch eine besondere Attraktion, der **Bleikeller.** Hier erwarten Sie acht mumifizierte Leichen - unter Glas. Der älteste Bewohner, ein tödlich verunglückter Dachdecker, haust hier seit 1450. Seine Mitbewohner, z. T. hohe Persönlichkeiten, entstammen vorwiegend dem 17. und 18. Jahrhundert. Auf die merkwürdigen, konservierenden Eigenschaften des Raumes wurde man ganz zufällig aufmerksam, als man den Dachdecker nach seinem Unfall hier niedergelegt hatte, ihn vergaß, um später erstaunt festzustellen, daß er mumifiziert war.

Öffnungszeiten des Doms: Mo - Fr 10 - 17 Uhr, Sa 10 - 12 Uhr, So 14 - 17 Uhr. Jeden Mittwoch, außer an Feiertagen, um

15 Uhr öffentliche Führung durch den Dom, Treffpunkt im Dom am Dom-Museum. Während kirchlicher Amtshandlungen und Konzertproben bleibt der Dom geschlossen.

Turmbesteigung: Der Aufgang zur Plattform befindet sich im Dom am Eingang gegenüber der Westkrypta. Öffnungszeiten: Mai - Oktober Mo - Fr 10 17 Uhr, Sa 10 - 12 Uhr, So 14 - 17 Uhr, Eintritt: 1,- DM.

Öffnungszeiten des Dom-Museums: Mo - Fr 10 - 17 Uhr (November bis April nur 13 - 16.30 Uhr), Sa 10 - 12 Uhr, So 14 - 17 Uhr. Eintritt: 2,- DM. Jeden 1. Mittwoch im Monat, außer an Feiertagen, um 15 Uhr öffentliche Führung durch das Dom-Museum, Treffpunkt Dom-Museum. Kosten: 5,- DM (Eintrittsgebühr eingeschlossen)

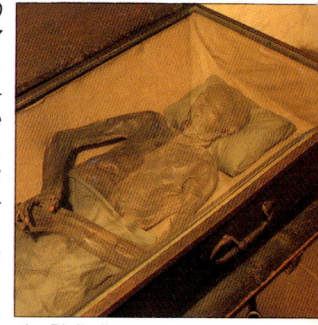
Im Bleikeller

Öffnungszeiten des Bleikellers: Mai - Oktober Mo - Fr 10 - 17 Uhr, Sa 10 - 12 Uhr, So 14 - 17 Uhr, Eintritt: 2,- DM, erm. 1,- DM.

Ein uriger Brauch verbindet sich heute mit dem Dom: das Domtreppen-Fegen (-> *a bis z*: Bräuche). Wundern Sie sich also nicht, wenn Sie vor dem Dom auf einen befrackten Herrn mit Zylinder und Besen stoßen, der durch Drehorgel-Musik den richtigen Schwung für seine Arbeit bekommt.

Der **Spuckstein** wurde neben dem Dom an der Stelle in das Pflaster eingelassen, an der 1831 Gesche Gottfried hingerichtet wurde. Sie war für schuldig befunden worden, 15 Menschen mit Arsen umgebracht zu haben. Schon bald nach der Vollstreckung des Urteils kam der Brauch auf, den Abscheu über die Morde durch Ausspucken auf den Stein zum Ausdruck zu bringen. Das Interesse an dieser Frau reicht bis in unsere Zeit; so hat z. B. Rainer Werner Faßbinder über sie

11

das Stück „Bremer Freiheit" verfaßt. Da sich erfahrungsgemäß selbst Bremer/innen schwer tun, den Stein zu finden, hier eine kleine Hilfe: Stellen Sie sich vor den Seitenausgang des Doms, der auf den Domshof hinausführt, und blicken Sie auf den Neptunbrunnen. Gehen Sie nun 23 Schritte vorwärts und Sie stehen genau vor dem Spuckstein. Sie erkennen ihn an seiner Größe und an dem eingeritzten Kreuz.

Der Roland

Der vom Sockel bis zum Baldachin etwas über 10 Meter große **Roland** wurde 1404 in Stein errichtet, nachdem seine hölzernen Vorgänger von Knechten des Erzbischofs niedergebrannt worden waren. Bremen gehörte damals zur Hanse und stand in großer wirtschaftlicher Blüte. Die Bürger waren sich ihrer Macht bewußt und boten dem Erzbischof die Stirn. Der Roland demonstriert dieses Selbstbewußtsein, denn er blickt stolz zum Dom hinüber. Wenn Sie sich den Roland von nahem betrachten, fällt Ihnen sicherlich der Krüppel zwischen den Füßen des Rolands auf. Um diesen Krüppel rangt sich eine allen Bremer/innen geläufige Legende zur Entstehung der **Bürgerweide** und des **Bürgerparks** (-> *sehenswertes*: Natur pur). Danach kam die wohlhabende und fromme Gräfin Emma von Lesum im Jahre 1032 mit ihrem Schwager und Erben Herzog Benno von Sachsen nach Bremen. Die Bremer/innen baten die Gräfin um ein Stück Weideland. Sie bot an, ihnen ein Stück Land von der Größe zu schenken, welches ein Mann in einer Stunde umwandern könne. Benno schlug spöttisch vor, die Zeitspanne auf einen Tag auszudehnen, ohne damit zu rechnen, daß Gräfin Emma darauf eingehen würde. Als sie dies aber tat, versuchte Benno zu retten, was zu retten war, und bot sich an, den Mann auszusuchen, der das Stück Land umlaufen sollte. Hinterhältig, wählte er einen Krüppel, der ohne fremde Hilfe nicht gehen konnte. Dieser Krüppel vollbrachte aber immerhin die Leistung, nur auf Händen und Knien, ein riesiges Gebiet zu umkriechen, so daß den Bremer/innen am Abend ein großes Stück Weideland gehörte. Ein Großteil davon bildet den heutigen Bürgerpark. Nur ein relativ kleiner Rest der ursprünglichen Fläche wird noch heute Bürgerweide genannt. Hier befinden sich die Stadthalle mit der Eislaufhalle, das Congress-Centrum, das Kulturzentrum Schlachthof und das Rundfunkmuseum. Zweimal im Jahr finden hier die beiden Jahrmärkte, die Osterwiese und der Freimarkt, statt. Das Bildnis des Krüppels wurde aus Dankbarkeit zwischen den Füßen des Rolands eingemeißelt. Aber wie schon erwähnt, alles nur Sage!

Das Rathaus, ein spätgotischer Backsteinbau, wurde 1405 - 1410 errichtet. Die heute sichtbare Fassade wurde 1608 - 1612 durch Lüder von Bentheim geschaffen. Das Rathaus enthält neben dem Ratskeller auf zwei Stockwerken zwei große Säle, die jeweils die gesamte Länge und Breite des Gebäudes einnehmen. Der Eingang zur **Unteren Rathaushalle** liegt links vom Rathaus in der Nähe der Stadtmusikanten. Diese Halle präsentiert sich schlicht und schmucklos und ist fast unverändert geblieben. Früher diente sie hauptsächlich Verkaufszwecken und Schaustellungen; und auch

Das Rathaus

heute wird sie überwiegend als Ausstellungsraum genutzt.

Die **Obere Rathaushalle** kann nur zu bestimmten Zeiten im Rahmen von Führungen besichtigt werden. Man erreicht sie durch den Osteingang im Anbau.

13

Im Ratskeller

Sie war in früheren Jahrhunderten Fest- und Empfangssaal, aber auch Sitzungssaal des Rates und des Obergerichts. Beim Betreten werden Sie die feierliche Würde spüren, die diese Halle ausstrahlt. Jeweils am zweiten Freitag im Februar findet in diesem ehrwürdigen Rahmen die Schaffermahlzeit statt. (-> *a bis z:* Bräuche)

Ein weiterer Blickfang ist der vorspringende Erker hinter dem Mittelbau der Fassade. Er enthält zwei übereinanderliegende Räume, die Güldenkammer und das ehemalige Ratsarchiv, das durch eine herrliche, reich geschnitzte Wendeltreppe von 1616 zu erreichen ist. Die Güldenkammer wurde für vertrauliche Sitzungen des Rates benutzt und hat ihren Namen von einer vergoldenen Ledertapete, die allerdings nicht erhalten ist. Die heutige Ausstattung aus dem Jahre 1905 ist ganz im Jugendstil gehalten und stammt von dem Worpsweder Maler **Heinrich Vogeler**.

Führungen durch die Obere Rathaushalle: November bis April Sa und So 11 und 12 Uhr, Mai bis Oktober Mo - Fr 10, 11 und 12 Uhr, Sa und So 11 und 12 Uhr. Kosten: 4,- DM Dauer: 45 Minuten

Der dritte und letzte Saal des Rathauses, den Sie ebenfalls auf keinen Fall auslassen sollten, ist der **Ratskeller**. Er ist der älteste Teil des Rathauses und wurde 1408 aufgrund des Weinmonopols des Rates eingerichtet. Hier werden ausschließlich deutsche Weine ausgeschenkt. Das Angebot ist einmalig: über 600 Weine aus allen deutschen Weinanbaugebieten stehen zur Auswahl. Beim Betreten des Ratskellers werden Ihnen sofort die mächtigen, geschnitzten Weinfässer auffallen, die heute allerdings nur noch Dekorationszwecken dienen. Neben der riesigen Auswahl an Weinen hat der Ratskeller eine gutbürgerliche und typisch norddeutsche Küche zu bieten.

Die **Bremer Stadtmusikanten**, von Gerhard Marcks 1953 geschaffen, sind wohl die bekannteste Plastik der Märchengestalten. Für heutige Bremer/innen ist unvorstellbar, das sie nicht schon immer dort gestanden haben soll. Touristen sind im allgemeinen enttäuscht von ihrer Größe. Wenn Ihnen die Stadtmusikanten gefallen, sollten Sie auch das Gerhard Marcks Haus direkt neben der Kunsthalle besuchen. (-> *a bis z:* Museen & Galerien)

Die Kirche **Unser Lieben Frauen** ist die älteste Pfarrkirche Bremens. Besonders sehenswert sind die farbigen Fenster, die nach Entwürfen von Alfred Manessier Ende der 60er Jahre dieses Jahrhunderts in Chartres gefertigt wurden. *(Öffnungszeiten: Mo - Fr 10 - 12.30 Uhr, Sa 10.30 - 12.30 Uhr, So 11.30 - 13 Uhr; Tel. 32 49 14)*

Der **Schütting** war früher das Gildehaus der bremischen Kaufleute. Er entstand 1537 - 1538 und wurde 1594 durch einen Giebel und eine Ballustrade erweitert. Über dem Portal ist das Motto der Bremer Kaufmannschaft eingemeißelt: „Buten un binnen / wagen un winnen" (Außerhalb und innerhalb (Bremens) - wagen und gewinnen).

Hinter dem Schütting befinden sich eine Reihe von Lokalen und Restaurants. Hier sei nur eins erwähnt: ein uriges Lokal, das in einem mittelalterlichen Bürgerhaus mit spätgotischem Giebel untergebracht ist und sinnigerweise „Zum Spitzen Gebel" heißt.

Sie betreten Bremens „heimliche Hauptstraße", die **Böttcherstraße**, durch einen Torbogen, über dem der „Lichtbringer", ein Relief von Bernhard Hoetger, prangt. Die Böttcherstraße ist eine sehr alte Handwerkergasse, die ihren

Namen von den Faßmachern erhielt, die hier im Mittelalter ansässig waren. Heute prägen kunsthandwerkliche Läden, Museen und Feinschmeckerlokale das Bild und eine (in Bremen seltene) Atmosphäre von Internationalität weht den Besuchern entgegen. Typisch für die Böttcherstraße ist eine ansprechende rote Backsteinarchitektur, die um ein Haus herum, das **Roselius-Haus** (Nr. 6), in den 20er Jahren neu entstand.

Roselius, Kaffeekaufmann und Erfinder des koffeinfreien Kaffees (Kaffee HAG), erwarb das aus dem Jahre 1588 stammende Haus Nr. 6 im Jahre 1904 und ließ es restaurieren und einrichten. Es hat den Charakter eines typischen Patrizierhauses und beherbergt heute eine Sammlung niederdeutscher Kunst und Kultur des 12. bis 18. Jahrhunderts *(Öffnungszeiten: -> Paula Becker-Modersohn-Haus).*

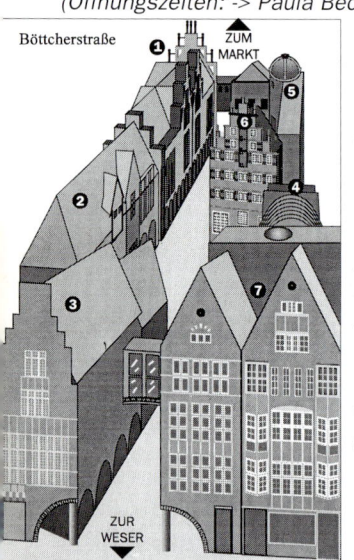

Böttcherstraße

ZUM MARKT

ZUR WESER

1922 kaufte Roselius die linke Seite der Böttcherstraße (vom Markt gesehen) hinzu. Der Senat der Stadt erwarb 1923 die Häuser auf der rechten Seite, ließ sie abreißen und überließ Roselius die Grundstücke in Erbpacht. Roselius beauftragte die Bremer Architekten Alfred Runge und Eduard Scotland mit der Gestaltung der rechten Straßenseite. Sie wählten einen klar strukturierten Stil und orientierten sich eng an den historischen Vorlagen. Von ihnen stammen vier Bauten:

● das **Haus der „Sieben Faulen"** (1), auf dessen Giebel die Sieben Faulen thronen und

16

so an die gleichnamige Sage erinnern. Danach lebte in Bremen eine Familie mit sieben Söhnen, die allesamt sehr faul waren. Als die Eltern sie nicht mehr ernähren konnten, zogen sie in die Welt hinaus. Als sie ein Jahr später zurück-kamen, hatten sie vor allem gelernt, sich das Leben so angenehm wie möglich zu machen: sie errichteten einen Brunnen, um nicht immer das Wasser aus der Weser holen zu müssen, sie bauten Bewässerungsanlagen und Deiche, pflanz-ten Dornenhecken um die Gemüsebeete, um die Kaninchen fernzuhalten u.v.m. Die Nachbarn hielten sie dennoch für faul und meinten, sie hätten dies alles nur erfunden, um wenlger arbeiten zu müssen. Ihr Ebenbild findet sich auch auf dem „Sieben-Faulen-Brunnen" (von Hoetger) im Paula Becker-Modersohn Haus.

● das **Haus St. Petrus** (2), in dem heute die Spielbank residiert (-> *a bis z:* Am Abend),

● das **Robinson-Crusoe-Haus** (3), welches darauf an-spielt, daß Robinson's Vater - ein Mann namens Kreutzner - ursprünglich aus Bremen stammt,

● und das **Haus des Glockenspiels** (4), das seinen Namen den 30 Glocken aus Meißener Porzellan zu verdanken hat, die - außer bei Frost - 3mal am Tag, um 12, 15 und 18 Uhr erklingen. Während des Glocken-spiels kann man auf drehbaren geschnitzten Tafeln (von Hoetger) die Geschichte berühmter Ozean-bezwinger verfolgen.

Im Kontrast zu diesen Bauwer-ken schuf der Worpsweder Bild-hauer Bernhard Hoetger zwei sehr eigenwillige, expressionistische Häuser, die sich durch ihre ver-schachtelte, bewegte Architektur vom Rest der Böttcherstraße ab-heben:

Paula Becker-Modersohn Haus

17

● das **Paula Becker-Modersohn Haus** (5), welches Roselius der berühmten Worpsweder Künstlerin Paula Modersohn-Becker widmete und das heute eine Auswahl ihrer Bilder enthält. Seit kurzem wird hier außerdem das Werk Hoetgers ausgestellt *(geöffnet: Di - So 11 - 17 Uhr, Mo 14 - 17 Uhr, Eintritt: 8,- DM, einschließlich der Sammlung im Roselius-Haus)*. Das Haus umschließt den Handwerkerhof, in dem sich eine Glasbläserin und ein Goldschmied bei der Arbeit auf die Finger schauen lassen. ● das **Haus Atlantis** (7) gehört mit

dem gläsernen Treppenturm und dem Himmelssaal zu den Höhepunkten expressionistischer Bauweise *(Besichtigung: Mo 10 - 12 und 14 - 16 Uhr sowie nach Vereinbarung.)*

Die Architektur Hoetgers löste in den 30er Jahren

Himmelssaal im Haus Atlantis

starke Kontroversen aus, und die Nazis erklärten seine Kunst und Architektur für „entartet". Dem Einfluß von Roselius ist es zu verdanken, daß die Böttcherstraße in dieser Form bewahrt werden konnte.

Am Ende der Böttcherstraße beginnt ein Fußgängertunnel, der direkt zur Weser und zum **Martini-Anleger** führt. Von hier aus finden Hafenrundfahrten und Weserfahrten statt (-> *a bis z*: Schiffsfahrten). Bis zur Mitte des letzten Jahrhunderts befand sich dort der Hafen für Binnenschiffe, während für größere, seegängige Schiffe schon im 17. Jahrhundert der Vegesacker Ausweichhafen gebaut worden war.

Im **Schnoor** gruppieren sich verwinkelte Gassen mit winzigen, malerischen Häusern um jene Straße, die dem Viertel seinen Namen gegeben haben: den Schnoor (hochdeutsch „Schnur"), an dem die Häuser, wie Perlen an einer Schnur aufgereiht stehen.

Das Schnoorviertel lag ursprünglich auf einer Insel zwischen der Weser und ihren Nebenarmen Balge und Klosterbalge und war nur über Brücken zu erreichen. Die ältesten Häuser stammen aus dem 15. und 16. Jahrhundert. Eines der ältesten Wohnhäuser im Schnoor ist Haus Nr. 15, gebaut im Jahre 1512.

Durch die Entstehung der Vorstädte setzte im Schnoorviertel im 19. und frühen 20. Jahrhundert eine zunehmende Vernachlässigung der Häuser ein. Die Lage des Schnoors und die Armut seiner Bewohner waren wohl der Grund dafür, daß die alten Häuser bis nach dem Zweiten Weltkrieg in dieser Form erhalten blieben.

Heute wohnen in dem idyllischen Viertel Künstler und Kunsthandwerker. Neben einer Vielzahl interessanter kleiner Läden, die zum Eintreten und Stöbern einladen, haben sich Antiquitätenläden, kleine Galerien, das Packhaustheater und renommierte Gaststätten wie „Becks in'n Snoor" oder das „Amtsfischerhaus" und Lokale wie der „Kleine Olymp" und „Zum Kaiser Friedrich" angesiedelt, in denen es abends oft schwer ist, einen Platz zu bekommen.

special Tip

Im Schnoor:
*Unten gut sortierter **Teeladen**, oben gemütliches vegetarisches **Nichtraucher-Restaurant** und Café - so präsentiert sich das **Schnoor-Teestübchen**.*
Schwierig, einen Platz zu ergattern, aber allemal die Mühe wert!
Wüste Stätte 1, Tel. 32 60 09
Mo - Sa 11 - 19 Uhr, So 14 - 19 Uhr

Bei Ihrem Rundgang werden Sie unweigerlich auf das Schnoor-Original **Heini Holtenbeen** stoßen, einen liebenswürdigen und schlitzohrigen Schnorrer, der Ende letzten Jahrhunderts im Schnoor Haus Nr. 7 als Dienstmann gelebt hat. Seinen Namen verdankt er seinem Holzbein. Den Bremer/innen ist Heini Holtenbeen durch seine markigen

Sprüche auch heute noch ein Begriff, z. B. seine gelassene Reaktion auf den befürchteten Weltuntergang: *„Wenn de Welt unnergeiht, fohr ik na Hannover, do hev ik Verwandte."* Seine Bronzeplastik steht heute in der Straße Hinter der Holzpforte vor dem Haus Nr. 4.

Um alle Ecken des Schnoors wirklich auskundschaften zu können, sollten Sie sich nicht scheuen, in alle noch so kleinen Gassen und Gäßchen hineinzugehen: auch wenn Sie glauben, Sie seien in einer Sackgasse gelandet, die Gassen führen weiter und eröffnen manchmal erstaunliche Eindrücke und Einblicke.

Wenn Sie noch Zeit und Lust haben, bieten sich vom Schnoor aus zwei verschiedene Spaziergänge an:

Der Schnoor

(1) Der eine führt an der Weser entlang und - falls gerade Samstag ist - über den **Kajenmarkt**, einer Kombination aus Schlemmermeile, Kunsthandwerker- und Flohmarkt, (von Mai bis Ende September an der Schlachte jeweils Sa 8 - 14 Uhr, an langen Samstagen bis 16 Uhr). Anschließend ließe sich ein Besuch der **Kunsthalle** (-> *a bis z:* Museen & Galerien) problemlos einfügen, die Sie über den Altenwall und den Ostertorsteinweg erreichen.

Im Anschluß daran empfiehlt sich ein Bummel durch Bremens „alternatives" Viertel, das schlicht **„das Viertel"** genannt wird. Den Zusatz „alternativ" hat es sich durch den verstärkten Zuzug von Studenten, Lehrern und Ökos verdient. Von dem Miteinander vieler verschiedener Nationalitäten und Kulturen hat das Viertel kulturell enorm profitiert. Einen zusätzlichen Reiz vermitteln die vielen erhalten gebliebenen **Altbremer Häuser**, die unter Denkmalschutz stehen.

Typische Bremer Häuser

Typisch für diese Reihenhäuser aus der zweiten Hälfte des letzten Jahrhunderts sind das zur Straßenseite halb aus dem Boden herausragende Souterrain, welches zur Gartenseite hin ebenerdig ist. Oft sind die Häuser spiegelbildlich aneinandergebaut, so daß die Eingangstüren nebeneinander liegen. Besonders schöne Exemplare dieses Haustyps können Sie in der Kohlhökerstraße und in der Mathildenstraße bewundern.

Aber auch durch andere Straßenzüge lohnt ein Bummel, z. B. durch die Bleicherstraße, in die Kreuzstraße, nach links in die Weberstraße, über den Ostertorsteinweg in die Bauernstraße und zum „Steinernen Kreuz", schräg nach rechts in die Albrechtstraße, nach rechts in die Straße „Auf den Häfen", über den Dobben hinweg in die Humboldtstraße, nach links in die Herderstraße, nach rechts in die Feldstraße, wieder rechts in die Horner Straße, die Straße „Vor dem Steintor" überqueren und in die Mecklenburger Straße, nach links in die Berliner Straße und hinauf zum Osterdeich. Nach links geht's zum „Ambiente". Nun ein kleines Stück zurück nach rechts in Richtung Innenstadt bis zum Sielwall.

Alternativ zum Streifzug durch das Viertel (oder im Anschluß daran) bietet sich ein Spaziergang am Weserufer an.

special Tip

„Beschaulich" Kaffee trinken, spät frühstücken oder lunchen, dafür ist das **„AMBIENTE"** am Osterdeich der richtige Ort. Ein schön renoviertes Café der zwanziger Jahre, an der Weser gelegen. Scheint die Sonne, sitzt man draußen, sonst unter der begrünten Glasveranda. Außerdem finden hier monatlich Lesungen statt. Tel. 4 98 95 08

Als Abschluß folgt eine Fahrt mit der Fähre **Hal över** (in Höhe des Sielwalls) auf die andere Weserseite zum **Café Sand**, in dem sich im Sommer trotz Schlangestehen und Wartezeiten die „alternative Szene" zum Klönschnack trifft.

(2) Der zweite Spaziergang führt vom Schnoor zurück über den Marktplatz. Bevor Sie in die **Obernstraße** einbiegen, bietet sich noch ein kurzer Abstecher über den **Blumenmarkt**

Die Fähre Hal över

an, der täglich rund um die Liebfrauenkirche abgehalten wird. Weiter geht's in die **Sögestraße**. Hier finden sich hauptsächlich kleinere Boutiquen, Buchläden, Juweliere, Lederwa-rengeschäfte u.v.m. Die Bronzegruppe einer Schweineherde mit Hirt und Hund (von P. Lehmann, 1974) veranschaulicht die einstige Bestimmung dieser ältesten Straße Bremens: durch sie wurden in früheren Jahrhunderten die Schweine (= Söge) zu den außerhalb der Stadtmauern gelegenen Weiden, z. B. zur Bürgerweide, getrieben. Wenn Sie die Sögestraße wieder zurück in Richtung Obernstraße gehen, gelangen Sie rechts in die **Lloydpassage**, die durch ihre freitragende, gläserne Dachkonstruktion einen modernen Akzent setzt. Sie schützt erfolgreich vor den Unbilden des bremischen Wetters. Wenn Sie die Lloydpassage durchquert haben, erwartet Sie die neueste Attraktion unter den Bremer Einkaufsmeilen: der Lloydhof. Die Bremer Innenstadt bietet Ihnen vielfältige Gelegenheiten zum Einkaufen,Kaffee trinken und bummeln.

Natur pur:

● Die **Wallanlagen** verlaufen in einem Gürtel um die Altstadt und folgen dem geschwungenen Verlauf des Wallgrabens. Früher war an dieser Stelle der Verteidigungswall mit den mächtigen Stadttoren und der Stadtmauer, der sich um die ganze Stadt herumzog und sich auch auf der anderen Weserseite fortsetzte. Anfang des 19. Jahrhunderts wurden jedoch die alten Bastionen der Befestigungsanlage abgetragen und der Wall durch den Landschaftsgärtner Altmann in eine englische Parklandsschaft verwandelt. Von den einst 12 Mühlen auf den Befestigungsanlagen ist nur noch die Mühle in der Nähe des Herdentors erhalten. ● Der **Bürgerpark** (mit **Stadtwald**) war bis zur Mitte des 19. Jahrhunderts kein Park, sondern eine Weide - die Bürgerweide. Anders als die Sage von der Gräfin Emma und dem Krüppel es erzählt (-> *rundgang*: Roland), hat Erzbischof Hartwig I. den Bremern die Bürgerweide bereits 1159 überlassen. Nachdem deren Bedeutung als Weide wegen des geringer werdenden Viehauftriebs sank, wurde nach den Plänen des Landschaftsgärtners Wilhelm Benque ab 1866 ein Volkspark geschaffen. Bis heute finanziert sich der Bürgerpark ausschließlich aus privaten Spenden. Neben dem Restaurant „Meierei",

special Tip

*Wer die Natur lieber sitzend erleben möchte, den ziehen die **Pferde Liese & Lotte** - wenn es nicht regnet - regelmäßig per Kremserwagen **durch den Bürgerpark** (Mai - September Mi und So 15 und 16 Uhr). Die Rundfahrten beginnen am Marcusbrunnen hinter dem Parkhotel, dauern 1 Stunde und kosten 3,- DM. Auskunft: Bürgerparkverein, Tel. 34 20 70*

Im Bürgerpark

23

dem „Kaffeehaus am Emmasee" und der „Waldbühne" (-> *a bis z*: Essen & Trinken) hat der Bürgerpark allerhand zu bieten: ein Tiergehege, mehrere Abenteuerspielplätze, eine Minigolf-Anlage, eine Finnbahn (hinter der Eisenbahnlinie im Stadtwald) und den Emmasee. Dort können Ruderboote gemietet werden. Unzählige Fuß-, Rad- und Reitwege durchziehen ihn netzartig. Zu erreichen ist der Bürgerpark in ca. 10

Im Rhododendron-Park

Minuten zu Fuß vom Hauptbahnhof oder mit Bus Linie 26, Haltestelle Bürgerpark.

● Der **Rhododendron-Park**, mit angeschlossenem Botanischen Garten, ist der bedeutendste Park seiner Art in Europa: über 1600 Rhododendron- und Azaleen-Arten verwandeln den Park zur Hauptblütezeit von Ende April bis Anfang Juni in ein Blütenmeer. Weitere 400 tropische und subtropische Arten erwarten den Besu-

cher im **Wilhelm-Kaisen-Gewächshaus** *(ganzjährig geöffnet: Mo - Fr und So 10 - 16, Sa 12 - 16)*. Gleich daneben befindet sich ein Tagescafé mit Sommergarten.

Einen einzigartigen Überblick über die Geschichte der Züchtung der Pflanzen bis in das Jahr 1849 zurück bietet das **Azaleen-Museum**, das nur während der Hauptblütezeit vom 20. März bis zum 30. April geöffnet ist *(Mo - Fr und So 10 - 16, Sa 12 - 16 Uhr)*.
Azaleen-Museum, Deliusweg, Tel. 361-30 25, Eintritt frei.
Öffnungszeiten des Botanischen Gartens und des Rhododendron-Parks: tgl. von 7.30 bis Sonnenuntergang, Hauptzugang: von der Marcusallee, Tel. 361-30 25. Bus Linie 30, 31, 33, 34 Haltestelle Bürgermeister-Spitta-Allee.

● Neben den vielen Grünanlagen ist man durch Bremens langgestreckte Lage entlang der Weser zu Fuß und per Rad schnell in der freien Natur. Wenn Sie die landschaftlichen Reize in der näheren Umgebung der Stadt per Fahrrad kennenlernen wollen, hier eine Wegbeschreibung für eine **Fahrradtour ins Blockland** *(Dauer: ca. 3 Stunden, über Hauptbahnhof - Bürgerpark - Blockland - Kuhsiel - Zur Schleuse - Dammsiel - Torfkanal - Hauptbahnhof)*

Ein Fahrrad können Sie am Hauptbahnhof bei der Fahrradstation leihen. Sie fahren rechts vom Bahnhof durch den Gustav-Deetjen-Tunnel, an der Ampel links, dann rechts (hinter dem Elefanten Denkmal) an der Bürgerweide entlang. Am Holler See angekommen, nehmen Sie den asphaltierten Weg, der rechts vom See verläuft. Am Parkhotel vorbei setzt sich der Weg etwas weiter rechts als Parkweg fort. Folgen Sie ihm bis in die Nähe des Emma-Sees, halten Sie sich davor rechts und bleiben auf der rechten Seite des Sees. Sie fahren ein kleines Stück an ihm entlang und gelangen zu einer, asphaltierten Straße, die den Bürgerpark durchquert. Folgen Sie ihr ein Stück nach rechts, bis ein kleinerer Weg links über

eine Brücke führt. Sie nehmen diesen Weg und gelangen, wiederum auf einer Asphaltstraße.Links liegt die „Meierei". Dort folgen Sie dem asphaltierten Weg wiederum ein Stück nach rechts, bis er über eine Brücke führt. An dieser Stelle verlassen Sie die Straße und folgen dem Waldweg geradeaus bis zur „Waldbühne". Von dort müssen

Auf dem Wümmedeich

Sie für ein kurzes Stück den Radweg auf der Parkallee (bzw. Am Stadtwald) benutzen, folgen dann aber nicht der Straße, die scharf nach rechts zur Universität abbiegt, sondern fahren geradeaus auf den Kuhgrabenweg, einem kleinen asphaltierten Weg, der nur für Radfahrer und Fußgänger zugänglich ist, weiter ins Blockland. Sie lassen die Universität mit dem weithin sichtbaren Fallturm rechterhand liegen, überqueren den Hochschulring und radeln über die Autobahn hinweg. Der Weg verläuft schnurgerade, bis Sie schließlich an den Wümmedeich gelangen. Dort biegen Sie nach links ab und haben „Kuhsiel" schon erreicht. Ihr Blick kann hier ungehindert über die Felder und Wiesen streifen. Der Weg

Wandbild Oma & Opa

führt auf dem Deich entlang und folgt kilometerweit den Windungen der Wümme. Die Landschaft hat noch viel von ihrer ursprünglichen Schönheit bewahren können und bietet einer Vielfalt von Pflanzen und Tieren einen idealen Lebensraum. Nach „Kuhsiel" folgen noch vier weitere Gasthöfe, die zum Verweilen einladen: „Gartelmanns Gaststätte", Gaststätte „Zur Schleuse", „Wümmeblick" und „Dammsiel". Zur Gaststätte „Zur Schleuse" *(Mo und Di Ruhetag, sonst von 10 - 24 Uhr geöffnet)* gelangt man nur mit Hilfe eines kleinen Ruderkahns (Fähre wäre zuviel gesagt). Kurz hinter „Gartelmann" kündigt ein reetgedecktes Tor den Weg zum Anlegeplatz des Ruderkahns an, der allerdings nur von Mai bis Ende September zwischen 10 und 18 Uhr verkehrt. Man muß dem „Kapitän" durch das Läuten der Glocke mitteilen, daß man übersetzen möchte. Nach einer Stärkung geht's zurück über die Wümme und noch ein Stück weiter auf dem Deich. Nach kurzer Zeit gelangen Sie erneut an eine Gaststätte, die nur per Fähre erreicht werden kann: „Wümmeblick", wo es vorzügliche Bratkartoffeln gibt. Kurz vor der letzten Gaststätte am Deich, „Dammsiel", biegen Sie links in die Blocklander Hemmstraße und folgen ihr, die Kleine Wümme rechterhand, zurück in Richtung Stadtwald und Bürgerpark. Sie unterqueren die Autobahn und folgen der Hemmstraße, vorbei am „Mount Rubbish", dem Tierheim und der MVA. Sie überqueren den Hochschulring und fahren dann schräg nach links in den Wetterungsweg, einen kleinen Weg, der am Uni-See entlangführt. Nach ca. 300 m biegen Sie in die Findorfffallee und folgen dem Verlauf des Torfkanals, der Sie den ganzen Stadtwald und Bürgerpark entlang begleitet, bis Sie die Kreuzung Hollerallee/Eickedorfer Straße erreichen. Von dort fahren Sie schräg über die Bürgerweide, so daß Sie wieder beim Elefanten ankommen und durch den Gustav-Deetjen-Tunnel zurück auf den Bahnhofsplatz gelangen.

KulTour & MuSehn

Einen Überblick über die Museen mit ihren verschiedenen Schwerpunkten gibt die Rubrik *a bis z* unter dem Stichwort „Museen & Galerien".

Wandbilder & Bunkerbemalung: Bremen ist die Stadt der Wandbilder: Sie sind über die ganze Stadt verteilt und befinden sich vorwiegend auf Bunkern und Hausfassaden.

special Tip

Wandbilder & Bunkerbemalung: Über 70 Wandbilder gibt es in ganz Bremen zu sehen. Sie sind bunt, groß und sollen auffallen, wollen gesehen werden und zu Gesprächen anregen. Oft greifen sie etwas auf, was direkt mit den Bewohnern des Stadtteils und mit seiner Geschichte zu tun hat. Einige sind hier beschrieben.

●„Oma & Opa", Wandbemalung von Peter K. F. Krüger, Rembertikreisel/Auf den Häfen, 1976; Bahn Linie 10, Haltestelle Humboldtstraße. ●„Friedenstauben", 2 Wandbemalungen am Kulturzentrum Schlachthof von Jimmy Päsler, 1981; Bus Linie 26, Haltestelle Findorfffallee.

● „Geschichte des Stadtteils Gröpelingen 1878 - 1978", dreiseitige Bunkerbemalung von Jürgen Waller u. a., Pastorenweg; Bahn Linie 2 und 10 Haltestelle Altenescher Straße.

(Wer mehr wissen will: Hans-Joachim Manske, *Bremens Wände*, 1986. Sehr schön illustriertes und informatives Buch.)

● Das **Neue Museum Weserburg** ist das größte Sammler-Museum in Europa mit Werken namhafter in- und ausländischer moderner Künstler. (-> *a bis z*: Museen & Galerien)

● Der Sammlungsschwerpunkt der **Kunsthalle Bremen** liegt auf französischer und deutscher Malerei des 19. und 20. Jahrhunderts. Sie enthält das umfangreichste Kupferstichkabinett Europas; für eine kurze Pause gibt es das Café Kukuk im Anbau. (-> *a bis z*: Museen & Galerien)

● Das **Gerhard Marcks Haus** wurde in einem der beiden erhalten gebliebenen klassizistischen Ostertorwachhäuser direkt neben der Kunsthalle eingerichtet und zeigt Grafiken und Plastiken von Gerhard Marcks (1889-1981). (-> *a bis z*: Museen & Galerien)

Techno

Der Fallturm

Der **Fallturm** im Technologiepark an der Universität wurde 1990 in Betrieb genommen, ist 146 m hoch und als Großforschungseinrichtung zur Nutzung der Schwerelosigkeit einzigartig in Europa. Führungen nur nach schriftlicher Anmeldung, zu senden an das Zentrum für Angewandte Raumfahrttechnologie und Mikrogravitation (ZARM), z. Hd. Herrn Prof. Rath, Am Fallturm, 28359 Bremen, Tel. 218-29 40; Bus Linie 22, 23 Haltestelle Universität.

Vegesack

Information: Verkehrsverein Bremen (-> a bis z: Auskünfte)
Anfahrt mit Bahn Linie 2, 3, 10 bis Endstation Gröpelingen,
von dort mit Bus Linie 70 oder 71 nach Vegesack oder mit
dem Auto über die A 27 Abfahrt Bremen-Burglesum, Schnell-
straße nach Bremen-Nord (B 74), Ausfahrt Vegesack Fähre/
Hafen in ca. 30 Minuten.

Vegesack ist heute ein Stadtteil von Bremen und liegt 18 km stromabwärts, an der Lesum - Einmündung. Schon 1619 wurde hier das erste künstliche Hafenbecken Deutschlands gebaut, weil der Hafen an der Schlachte versandete und für größere, seegängige Schiffe nicht mehr zu erreichen war.

Das Zentrum Vegesacks ist typisch restauriert und durch eine einladende Fußgängerzone neu gestaltet worden.

Sehenswertes

Ein maritimes Ambiente erwartet Sie am Vegesacker Hafen: die Kieferknochen eines Wales, die am **Utkiek** aufgestellt sind, dort, wo früher der Hafenmeister die Aufsicht über ein- und auslaufende Schiffe führte. Das **Havenhaus**, früheres Amtshaus, 1645 mit Blick auf den Fluß errichtet und später mehrfach verändert. Die **Strandlust** (mit Sommergarten), in der man bei einem Kaffee oder einem guten Essen die großen

Utkiek in Vegesack

Schiffe auf der Weser vorbeifahren sehen kann *(Rohrstr. 11, Tel. 66 09-0, tgl. ab 11 Uhr, Frühstück ab 7 Uhr).*

sehenswertes

● **Heimatmuseum Schloß Schönebeck** (-> *a bis z*: Museen & Galerien) Dieses Wasserschloß aus dem 17. Jahrhundert beherbergt Ausstellungsstücke zu den Themen: Schiffbau, Walfang, Seenotrettungswesen, Fayence- und Steingutherstellung; Bus 70 und 71 Haltestelle Schafgegend.

● **KITO**, Alte Hafenstr. 30, Vegesack, Tel. 65 48 48. Dieses sehr gut besuchte Veranstaltungszentrum ist ein ehemaliges Packhaus, in dem eine Firma Kisten zerkleinerte und die deshalb im Volksmund „Kistentod" hieß.

● **Ökologiestation**, Am Güthpol 9, Tel. 65 84 60, Mo - Fr 9 - 17 Uhr; in der Schönebecker Aue, Naturlehrpfad, Ökologiesprechstunden.

special Tip

Spaziergang an der Lesum: *Anfahrt über die A 27 Bremen-Burglesum, Schnellstraße nach Bremen-Nord, Ausfahrt Lesum, in der Straße Am Lesumhafen parken. Zu Fuß den Admiral-Brommy-Weg an der Lesum entlang zum Knoops Park; und zwischendurch vielleicht eine Stärkung im Café Knoops Park!*

Abstecher nach ...

Worpswede

Information: Fremdenverkehrsbüro, Bergstr. 13, Worpswede, Tel. (0 47 92) 14 77. Mo - Fr 9.30 - 12.30 Uhr und 14.30 - 17 Uhr; April - Oktober auch Sa 10 - 14 Uhr.

Worpswede, 24 km von Bremen entfernt, wurde auf einer ehemaligen Düne, dem heutigen Weyerberg (51 m hoch) gegründet. Anfahrt mit Bus 140 vom ZOB oder mit dem Auto über Lilienthal in ca. 45 Minuten.

Worpswede hat sich seit Ende letzten Jahrhunderts als Künstlerkolonie einen Namen gemacht. 1884 kam Fritz Mackensen in diesen Ort, der ihn durch seine Einbettung in die unberührte und schwermütige Landschaft des Teufelsmoors faszinierte. Es folgten Otto Modersohn und Hans am Ende sowie 1897 Paula Becker, die durch ihre Heirat mit Otto Modersohn unter dem Namen Paula Modersohn-Becker

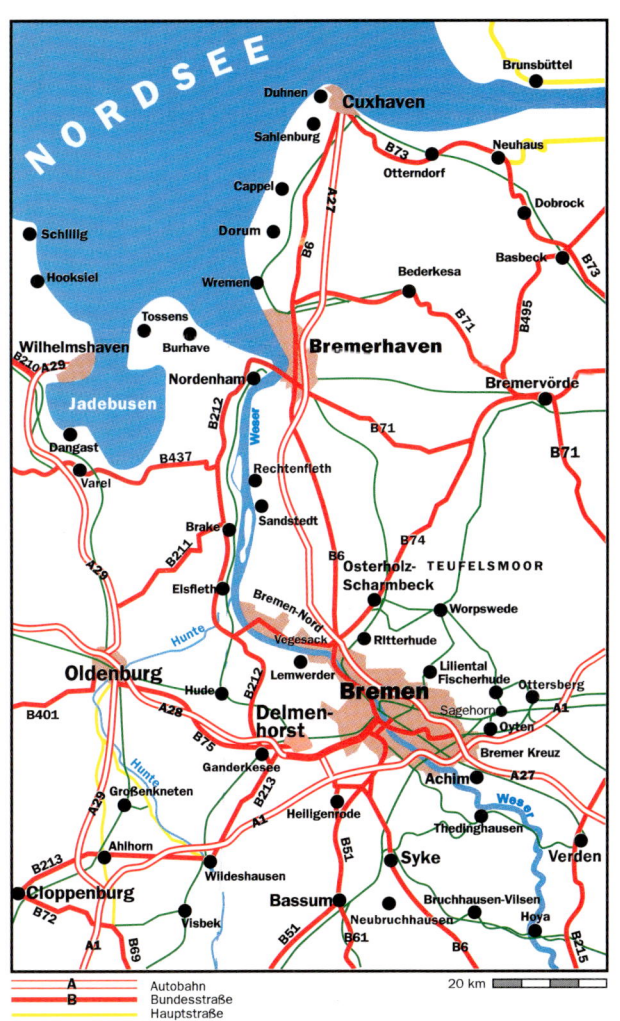

bekannt wurde. Später kamen noch Heinrich Vogeler, Fritz Overbeck und Bernhard Hoetger hinzu. Es entwickelte sich ein eigener Stilbegriff, der sich durch dunkle Farben und die Nähe zur Naturlandschaft auszeichnet.

Cafe' Worpswede

Sehenswertes

Große Kunstschau, Lindenallee 3, Tel. (0 47 92) 13 02, tgl. 10 - 18 Uhr, Eintritt: 5,- DM. Dieses Kulturzentrum, 1926 von Hoetger erbaut, zeigt Werke der ersten und zweiten Malergeneration Worpswedes wie Fritz Mackensen, Otto Modersohn, Heinrich Vogeler u. a. und bildet ein Ensemble mit der Worpsweder **Graphothek**, die Gegenwartskunst aus Worpswede zeigt, und dem **Ludwig-Roselius-Museum** für Frühgeschichte. Es liegt inmitten eines Parks direkt neben einem weiteren Hoetger-Bau, dem „Café Worpswede".

Barkenhoff, Ostendorfer Straße 10, Tel. (0 47 92) 39 68, tgl. 10 - 18 Uhr, Eintritt: 3,- DM. Einst Wohn- und Arbeitsstätte Heinrich Vogelers, ist der Barkenhoff heute Sitz der gleichnamigen Stiftung.

Ein schöner Spaziergang führt zum **Niedersachsen-Stein** über den Weyerberg, den Fernblick, vorbei am Naturdenkmal Alte Eiche und zum Findorff-Denkmal.

Haus im Schluh, Im Schluh 35, Tel. (0 47 92) 71 60; tgl. außer Mo 14 - 18 Uhr. Eintritt: 4,- DM, Kinder 2,- DM. Früher Wohnsitz der Familie Vogeler, bietet es heute eine umfangreiche Sammlung der Arbeiten von Heinrich Vogeler.

Torfschiffswerft-Museum, Schlußdorfer Str. 20, Tel. (0 47 92) 6 00; Mi 12 - 15 Uhr, Fr und Sa 15 - 18 Uhr, So 10 - 12 und 15 - 18 Uhr, Eintritt: 1,50 DM. Hier werden Arbeitsgeräte für den Torfschiffbau und den Torfabbau, Torfschiffe und Ausrüstungsgegenstände für Torfschiffe ausgestellt.

Galerien & Kunsthandwerk   Eine kleine Auswahl:
Kunstcentrum Alte Molkerei, Osterweder Str. 21, Tel. (0 47 92) 35 62; Di - So 11 - 18 Uhr.
Galerie Bollhagen im Kunstcentrum Alte Molkerei, Tel. (0 47 92) 22 41; tgl. außer Mo 11 - 18 Uhr.
Worpsweder Kunsthalle Friedrich Netzel, Bergstr. 17, Tel. (0 47 92) 12 77; tgl. 10 - 18 Uhr.

Barkenhoff

Cafés & Restaurants
Café Worpswede (im Volksmund: Café Verrückt), Lindenallee 1, Tel. (0 47 92) 10 28, tgl. außer Mo ab 10 Uhr. Von Hoetger 1925 direkt neben der Großen Kunstschau in einer gepflegten Parkanlage erbaut, bietet dieses Café sehenswerte Deckengemälde, Innen- und Terrassenplätze.
Teestube Witthus (tgl. 14-19 Uhr) und weitere Restaurants, z.B.

Worpsweder Bahnhof (Kneipe und Restaurant), Bahnhofstr. 17, Tel. (0 47 92) 79 17; tgl. 12 - 1 Uhr nachts, So 10 - 1 Uhr. Wurde 1910 von Heinrich Vogeler im Jugendstil erbaut. In der Küche werden nur frische Waren verarbeitet, Spezialitäten: Aufläufe, vegetarische Menüs, Fisch- und Fleischgerichte; die Preise sind zivil.

Alt Worpsweder Teestübchen, Osterweder Str. 2, Tel. (0 47 92) 73 89. Tgl. außer Mo 14 - 18.30 Uhr. Hier gibt es eine Menge verschiedener Tees und Kuchen nach Großmutters Rezepten.

umgebung

Teufelsmoor

Information: Stadtverwaltung Osterholz-Scharmbeck, Rathausstr. 1, Osterholz-Scharmbeck, Tel. (0 47 91) 1 70 und Fremdenverkehrsbüro Worpswede.

Der Name „Teufelsmoor" leitet sich her von „duves" (= taubes, unfruchtbares) Moor. Bis in die Mitte dieses Jahrhunderts wurde hier 200 Jahre lang intensiver Torfabbau betrieben. Voraussetzung war die Kultivierung des Moores, die im 18. Jahrhundert mit dem Moorkommissar Jürgen Christian Findorff einsetzte: das sumpfige Land wurde von Kanälen durchzogen, entwässert und trockengelegt. Der Torf wurde gestochen, die Soden zum Trocknen in langen Reihen aufgeschichtet und mittels kleiner Torfkäne nach Bremen gebracht. Heute sind die Moorschiffe mit ihren charakteristischen dunklen Segeln aus der Landschaft zwar verschwunden, der Reiz dieser schwermütigen und geheimnisvollen Landschaft ist aber noch gegenwärtig.

4 km Spaziergang zum Torfwerk im Teufelsmoor

Dauer: ca. 1 Stunde. Der Rundgang vermittelt einen guten Eindruck von dem besonderen Zauber dieser Hochmoorlandschaft.

Anfahrt: Lilienthal - Worpswede, durch Worpswede hindurch Richtung Karlshöfen / Hüttenbusch. Kurz hinter Neu Sankt-Jürgen, ca. 4 km nach Ortsausgang Worpswede, nach links Richtung Osterholz-Scharmbeck (OHZ). Nach weiteren 3,5 km und nachdem Sie die Hamme überquert haben, gelangen Sie an eine Torf-Eisenbahn, die dort rechts von der Straße aufgestellt ist. 50 m hinter dieser Eisenbahn geht rechts eine Straße ab (Hinweisschild: Vollersode 8 km). Biegen Sie hier ab, um gleich linkerhand neben einem braunen Wartehäuschen zu parken.

Im Teufelsmoor

Auf der anderen Straßenseite können Sie auf einer Infotafel noch weitere interessante Kleinigkeiten über die Gegend erfahren. Der unbefestigte Weg, links neben dem Wartehäuschen, bildet den Ausgangspunkt des Rundgangs. Folgen Sie diesem von Birken gesäumten Weg und Sie gelangen nach ca. 1 km an das Torfwerk. Leider ist eine Besichtigung nicht möglich, aber aus der Ferne kann man die Maschinen sehen, die auch heute noch den Torf abbauen. Folgen Sie dem unbefestigten Moordamm am Torfwerk entlang. Nach ca. 50 m macht der Weg eine scharfe Biegung nach links. Nach weiteren 150 m taucht linkerhand ein Gehöft auf, dessen Hofhund Ihr Kommen bereits bellend ankündigt. Ab dem Gehöft ist der Weg befestigt. Zu beiden Seiten des Weges verläuft ein Graben, an dessen Rand Birken stehen, die einen für diese Gegend so typischen Weg bilden, den man von Bildern der Worpsweder Maler zu kennen glaubt. Sie folgen dem Verlauf des Weges und gelangen nach etwa 1 km an den gemütlichen und sehr familiären Gasthof „Zum Schützenhof" (Mo Ruhetag, mittags von 13 - 15 Uhr geschlossen), der sich für eine kleine Pause anbietet. Von dort geht es weiter, vorbei an schönen reetgedeckten Häusern, bis Sie die Hauptstraße erreichen. Hier biegen Sie nach links und folgen der Landstraße auf einem Fuß- und Radweg ca. 1 km weit, um wieder an Ihren Ausgangspunkt zu gelangen.

Fischerhude

Information: Gemeindeverwaltung Fischerhude- Ottersberg, Grüne Str. 2, Ottersberg, Tel. (0 42 05) 970.
Anfahrt: über Oyten / Sagehorn oder Lilienthal in ca. 25 Minuten.

Da es nur wenig Parkgelegenheiten im Ort gibt und man ohnehin alles viel besser zu Fuß erkunden kann, sollten Sie Ihren Wagen auf einem der Parkplätze vor den Ortseingängen abstellen.

Fischerhude ist es gelungen, sein romantisches, malerisches Dorfbild mit den schönen Fachwerkbauernhäusern, den Wehren und Entenhäusern an den erlen- und weidengeschmückten Ufern der Wümme, zu erhalten. Obwohl sich auch hier Künstler niedergelassen haben - z.B. Christian Modersohn -, ist Fischerhude kein Künstlerdorf geworden.

Sehenswertes

Fischerhuder Kunstschau, Zum Dieker Ort 34, Tel. (0 42 93) 71 53; tgl. außer Mo 14 - 18 Uhr. Die Fischerhuder Kunstschau, 1921 von dem Maler Heinrich Rohmeyer gegründet, versteht sich nicht nur als Geschäft, sondern auch als Galerie, in der Gemälde, Keramik und Blaudrucke zu bewundern sind. Sie liegt etwas abseits hinter der Alten Wassermühle.

Der **Speckmann-Weg** lädt zu einem idyllischen Spaziergang am Bach ein, der gegenüber der Alten Wassermühle beginnt und an der alten Dorfkirche endet.

Fischerhuder Kunstschau

Heimathaus Irmintraut, Kirchstr. 1, Tel. (0 42 93) 71 86, tgl. außer Mo 11 - 13 und 15 - 17 Uhr; Eintritt: 1,- DM, Kinder

-,50 DM. In diesem niedersächsischen Bauernhaus von 1530 sind Inventar und Gegenstände bäuerlicher Arbeit und Kultur aus vergangenen Jahrhunderten zu besichtigen.

Gegenüber ist die interessante Kirchhofsmauer mit den eingearbeiteten alten Grabsteinen sehenswert.

Am Speckmann-Weg längs der Wümme

Modersohn-Museum, In der Bredenau 95, Tel. (0 42 93) 3 28; April - Nov. tgl. 10 - 13 und 14.30 - 18 Uhr, im Winter nur Sa und So 10 - 17 Uhr. Das Modersohn-Haus, das nach dem Tod von Paula Modersohn-Becker Wohnsitz von Otto Modersohn wurde, zeigt eine umfangreiche Sammlung seiner Gemälde und Grafiken.

Cafés & Restaurants
Eine kleine Auswahl:

Alte Wassermühle, Zum Dieker Ort 16, Tel. (0 42 93) 4 16; tgl. außer Mo 11 - 22 Uhr. Restaurant und Café auf drei Ebenen, spezielle Atmosphäre und gutes Essen.

Körbers Gasthof, Im krummen Ort 1, Tel. (0 42 93) 4 61 (auch zum Draußensitzen); im Winter Di - Fr ab 17 Uhr, Sa und So ab 11 Uhr, im Sommer Di - Fr ab 15 Uhr. Schön renoviert; Tischdecken und Vorhänge aus Blaudrucken. Gutes Essen.

Abstecher nach ...
Bremerhaven

Information: Verkehrsamt der Seestadt Bremerhaven, Van-Ronzelen-Str. 2, Tel. (04 71) 94 64 60; Mo - Mi 8 - 16.30 Uhr, Do und Fr 8 - 16 Uhr und Tourist-Info im Columbus-Center, Obere Bürger 17, Tel. (04 71) 4 30 00 Mo - Fr 10 - 18 Uhr, Do bis 20.30 Uhr, Sa 10 - 13 Uhr.
Anfahrt mit dem Zug oder über die A 27 Abfahrt Mitte in ca. 45 Minuten.

umgebung

Deutsches Schiffahrtsmuseum

Bremerhaven, ca. 130.000 Einwohner, liegt 60 km von Bremen entfernt am rechten Ufer der Weser. Seine Gründung im Jahre 1827 geht zurück auf den Bremer Bürgermeister Johann Smidt. Nach zähen Verhandlungen mit der Regierung des Königreichs von Hannóver erwarb Bremen ein kleines Stück Land, auf dem es einen bremischen Seehafen anlegen konnte. Dies war für Bremen eine Existenzfrage, denn auch der 1619 gebaute Ausweichhafen in Vegesack war inzwischen versandet und konnte von großen Schiffen nicht mehr erreicht werden. 1840 wurde der Alte Hafen in Betrieb genommen und in den folgenden Jahren stetig durch neue Hafenbecken und Erweiterungen ergänzt. Heute erstrecken sich die Hafenanlagen über eine Länge von 6 km. Eine **Hafenrundfahrt** ist für alle, die Bremerhaven richtig kennenlernen wollen, ein absolutes „Muß". Außerdem bieten sich Schiffsfahrten weserabwärts von Bremen nach Bremerhaven, **Mini-Kreuzfahrten nach Helgoland** sowie Hafen- und Weser-Rundfahrten an (-> *a bis z*: Schiffsfahrten).

Sehenswertes

Deutsches Schiffahrtsmuseum, Van-Ronzelen-Straße, Tel. (04 71) 48 20 70, Di - So 10 - 18 Uhr; die Schiffe im Museumshafen sind geschlossen vom 1. Oktober - 31. März. Ständige Ausstellung zur deutschen Schiffahrtsgeschichte, Bootshalle und Freilichtmuseum mit Museumshafen (7 Schiffe); Eintritt: 5,- DM. Besichtigung dauert ca. 2 Stunden.

„**Technikmuseum U-Boot Wilhelm Bauer**", Van-Ronzelen-Straße (Museumshafen des Deutschen Schiffahrtsmuseums), Tel. (0471) 48 20 70, 1. April - 31. Oktober tgl. 10 - 18 Uhr;

special Tip

„Aufbruch in die Fremde", Alte Werkhalle am Radarturm (zwischen Radarturm und Dt. Schiffahrtsmuseum). Tel. (04 71) 41 20 56. Öffnungszeiten: März - September tgl. 10 - 18 Uhr, Oktober - Dezember tgl. 11 - 17 Uhr, Januar und Februar geschlossen, Eintritt: 5,- DM. Beeindruckende Dauerausstellung über die europäische Auswanderung in die USA über Bremerhaven.

Eintritt: 2,50 DM. Besichtigung eines U-Boots aus den Jahren 1943/45.

Aussichtsplattform im Radarturm, Am Alten Vorhafen 1, Tel. (04 71) 4 83 50, 1. April - 30. September: tgl. außer Mo 10 - 13 und 14 - 18 Uhr, 1. Oktober - 31. März nur So, Eintritt: 2,- DM.

Spaziergang auf der Deichpromenade zum Kaiserhafen, vorbei am neuen Hafen.

Zoo am Meer, Tiergrotten und Nordsee-Aquarium, Weserdeich, Tel. (04 71) 4 20 71, April - August: tgl. 8 - 19 Uhr, September - März: tgl. 8 - 17 Uhr, Eintritt: 4,- DM. Fütterungszeiten: 10.30 und 14.45 Uhr.

Rundblick über den Überseehafen und den **Container-Terminal** von der Container-Aussichtsplattform, auf dem Gelände des Container-Terminals am Nordhafen. Besichtigung vom 1. März - 31. Oktober möglich.

Morgenstern-Museum, An der Geeste, Tel. (0471) 2 01 38, tgl. 10 - 18 Uhr, Eintritt: 3,- DM. Regionalgeschichte von der Ur- und Frühgeschichte bis 1960. Themenschwerpunkte: Fischerei, Schiffbau, Häfen etc. Sehr anschaulich gestaltet. Kleines Café. Museumsschiff-Außenstelle: Seitentrawler FMS „Gera", Am Fischkai, Tel. (04 71) 2 01 38, Mitte März - Ende September, tgl. 10 - 16 Uhr, Eintritt: 2,50 DM.

Container-Terminal Bremerhaven

umgebung

„Seute Deern"

Restaurants u. Gaststätten

Restaurant **„Seute Deern"** (Windjammer im Museumshafen direkt gegenüber dem Deutschen Schiffahrtsmuseum), Tel. (04 71) 41 62 64, tgl. 12 - 22 Uhr; Tischreservierung empfohlen.

Natusch - Fischereihafen Restaurant, Am Fischbahnhof 1, Tel. (04 71) 7 10 21 und 22, Mo Ruhetag, Di - So 11.45 - 15 Uhr und 17.30 - 22 Uhr. Fische und Krustentiere direkt von der Auktion, auch Fleischgerichte; gut aber nicht billig. Mit dem Auto: A 27 Abfahrt Fischereihafen-Mitte.

Fischrestaurant am Theaterplatz, Schleswiger Str. 3. Tel. (04 71) 4 66 90; tgl. außer Mo 11 - 15 und 18 - 21 Uhr. Neben dem Hotel Naber, ca. 300 m vom Schiffahrtsmuseum entfernt; gute Qualität, nicht teuer.

Weitere lohnende Ausflugsziele in der Umgebung Bremens sind die **Nordseeküste** mit Sandstrand in Duhnen sowie Watt & Schlick in Dorum und Wremen, **Helgoland** , das Wrackmuseum in **Cuxhaven**, Tel. (0 47 21) 2 33 41, das **Museumsdorf** in **Cloppenburg**, Tel. (0 44 71) 9 48 40, das **Pestruper Gräberfeld** aus der Spätbronzezeit und die jungsteinzeitlichen Grabmale **Visbeker Braut und Bräutigam** in der Nähe von Wildeshausen, die erste deutsche Museumseisenbahn in **Bruchhausen-Vilsen**, die noch heute fährt, Fahrplanauskünfte: (0 42 52) 44 14, das Automuseum in **Asendorf**, Tel. (0 42 53) 7 14, der **Vogelpark Walsrode**, Tel. (0 51 61) 20 15, **Oldenburg** mit seiner sehenswerten Altstadt und die Reiterstadt **Verden** mit dem einzigen Pferdemuseum Deutschlands Tel. (0 42 31) 39 01.

Abridged version in English:

The following notes will enable you to find your way through the "jungle of signs":

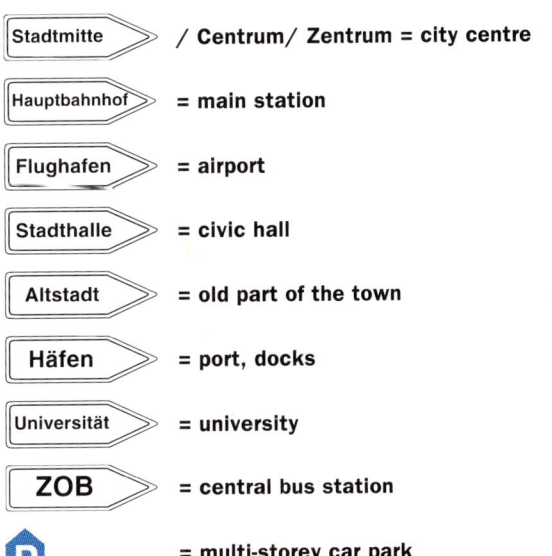

Stadtmitte / Centrum/ Zentrum = city centre

Hauptbahnhof = main station

Flughafen = airport

Stadthalle = civic hall

Altstadt = old part of the town

Häfen = port, docks

Universität = university

ZOB = central bus station

P = multi-storey car park

You will find many useful addresses under section *a bis z.*

The following expressions are frequently used in the text:
Öffnungszeiten = opening hours
geöffnet = open
tgl. = every day
Haltestelle = bus or tram stop

The tourist information office at the main station organises **Sightseeing Tours of the City in English:** Departing from the main station (central bus station, "ZOB") every day 10.30 a.m., also advance booking at the tourist information office at the main station and the "Liebfrauenkirchhof" (Churchyard of Our Blessed Lady); price: 20,- DM per person, children up to 12 years 10,- DM; time: 2 hours.

If you prefer to take a stroll through the old part of the town:

Bremen tour (about 2 hours)

The tour starts at "Domsheide" (see plan page 6 and 7). The first stop is at **St.-Petri-Dom** (cathedral, photo page 10). It is one of the oldest cathedrals in Germany and was erected in its present form between 1035 and 1072. The South Tower can be climbed during the summertime. Since 1987 the Dom-Museum has been located in the cathedral's East Crypt, and displays finds from the bishops' graves, discovered during the Seventies. The **Bleikeller** (Lead Cellar) also belongs to this museum (photo page 11). Here eight mummified corpses - lying in glass coffins - can be seen, the oldest dating from 1450. Opening hours see page 11.

A local tradition is connected with the cathedral today: the "Domtreppen-Fegen" (sweeping of the steps in front of the cathedral) or the "Domklinken-Putzen" (cleaning of the cathedral's door handles). Men and women who have reached their 30th birthday without getting married, have to sweep (if they are men) or to clean (if they are women) until they are freed by a kiss from a woman/man passing by.

Before approaching the Rathaus (Town Hall), you should look at the **Spuckstein** (Spitting Stone). It was set into the ground beside the cathedral, directly at the place where Gesche Gottfried was executed in 1831. She was found guilty of having murdered 15 people by poisoning them with arsenic. Soon after the execution, people began expressing their contempt and their repugnance at the murders by spitting on the stone.

The stone statue of **Roland** (photo page 12), has dominated the market square since 1404 and symbolises the liberal self-consciousness of the Hanseatic people.

The **Rathaus** (Town Hall, photo page 13) was erected from 1405 - 1410 and from 1608 - 1612, decorated with the splendid facade in Weser Renaissance style. In the Rathaus you will find the Ratskeller (wine cellar) and above are two storeys with two large halls. The **Untere Rathaushalle** (Lower Hall) is simple in style and has remained nearly unchanged throughout six centuries. The **Obere Rathaushalle** (Upper Hall), was a celebration and reception hall in earlier centuries but also a sitting hall of the "Rat" (Town Council) and session hall for the court. An eye-catcher is the projecting oriel, containing two rooms lying on different storeys, the **Güldenkammer** (Golden Chamber) and the former archive of the town council, which can be reached by a richly carved spiral staircase (1616). The entire decoration of the Güldenkammer, dating from 1905 is Art Noveau and was created by the Worpswede painter, Heinrich Vogeler. (Guided tours see page 14.)

The third and last hall of the old Town Hall is the **Ratskeller** (wine cellar, photo page 14). Only German wines are served there. The variety is unique: over 600 wines from all the German wine growing areas. On the left side next to the Town Hall, there are, somewhat hidden and much smaller than most people expect, the **Bremer Stadtmusikanten** (The Bremen Town Musicians). They were created by Gerhard Marcks in 1953 and are probably the most popular sculpture of these fairy tale figures.

43

In front of the Schütting

The only modern building in the market square is the **Haus der Bürgerschaft**, where the state parliament sits (guided tours: Mo-Fr 10.00 a.m. and 2.15 p.m.).

Opposite the Town Hall is the **Schütting**, built as the merchants' guildhouse, and today the seat of the Chamber of Commerce. Behind the Schütting there are many interesting pubs and restaurants.

Walking through the alley situated beside the Schütting, you reach the "secret main street" of Bremen, **Böttcherstraße** (drawing page 16). It arose during the Twenties around **Roselius-Haus** (No. 6), which was built in 1588. Roselius commissioned the Bremen architects Runge and Scotland to create four buildings:

Haus der Sieben Faulen (House of the Seven Lazy Brothers) (1) with the Seven Lazy Brothers perched on the gabled roof, **Haus St. Petrus** (2), today the Casino (-> *a bis z*: Am Abend), **Robinson-Crusoe-Haus** (3), which is an allusion to Robinson's father, whose name was Kreutzner - and who originally came from Bremen, and **Haus des Glockenspiels** (House of Chimes) (4) which owes its name to the 30 bells, made of Meissen, which - except in times of frost - chime three times a day, at noon, 3 p.m. and 6 p.m.

In contrast to these buildings, the Worpswede sculptor Bernhard Hoetger created very individualistic, Expressionist buildings:

Paula Becker-Modersohn Haus (5), which Roselius dedicated to the famous Worpswede artist Paula Modersohn-Becker (opening hours see page 18), and **Haus Atlantis** (7), which with its glass stairwell and **Himmelssaal** (Room of

Heaven, photo page18) is one of the highlights of Expressionist architecture. (Visits: Mo 10 a.m. - noon and 2 p.m. - 4 p.m. and by arrangement).

Hoetger's architecture caused a great deal of controversy during the Thirties, and the Nazis declared his art and architecture "degenerate". Thanks to the influence of Roselius, it was possible to preserve Böttcherstraße as it is today.

At the end of Böttcherstraße, there is a pedestrian subway leading directly to **Martinikirche** (St. Martin's Church), to the River Weser and to the **Martini-Anleger** (landing stages). This is the starting point for boat-trips round the harbour and on the Weser (-> *a bis z*: Schiffsfahrten). Taking the way along the bank of the river and then a second pedestrian subway, you will reach "Stavendamm", leading to the left into the **Schnoor Viertel**.

In the Schnoor District (photo page 20) narrow winding lanes with quaint houses lead off from the street which gave the district its name: the **Schnoor** (High German "Schnur", meaning "string"). The oldest houses date from the 15th and 16th centuries. Nowadays, artists and craftsmen live in the idyllic district. Besides numerous interesting small shops, it houses antique shops, small galleries and renowned inns and restaurants, where it might be difficult to get a seat in the evening.

From the Schnoor you can choose two different walks, according to your taste:

(1) One walk leads along the River Weser and - should it be a Saturday - over the **Kajenmarkt**, which is a combination of a gourmets' "mile" a market for craftsmen and a flea market.

Afterwards a visit to the **Kunsthalle** (Art Gallery, -> *a bis z*: Museen & Galerien) could easily follow. You reach it via "Altenwall" and "Ostertorsteinweg".

After that, a stroll through the "alternative" district, which is simply called **das Viertel** (The District) can be recommended.

There you can see many lovely typical **Bremen-style houses** (photo page 21). As an alternative to this trip through the Viertel (or afterwards), you might like to go for an agreeable walk along the Weser.

Finally, you can take the ferry "Hal över" (near Sielwall) to Café Sand on the other side of the Weser, where during the summertime the "alternative scene" meets for a chat, undeterred by queueing and waiting periods.

(2) The second walk leads back from the Schnoor to the market square. Before turning into "Obernstraße", you can make a foray to the **Blumenmarkt** (Flower Market), which is held every day around the **Liebfrauenkirche**. On, then, to Sögestraße (meaning "Street of the Pigs"). Here you will find mainly small boutiques, book shops, jeweller's, leather goods etc. The group of bronze pigs with swineherd and dog (by P. Lehmann 1974) shows the former purpose of this oldest street in Bremen: in earlier centuries the pigs ("Söge") were driven through the street to the pastures, which lay outside the city walls. Besides this tour through the old parts of Bremen, the city has something for everyone. Nature-lovers will be attracted by the parks (-> *sehenswertes*: Natur pur); for art-lovers, there are museums and galleries (-> *a bis z*: Museen & Galerien), lovers of culture will find plenty of theatres (-> *a bis z*: Theater) and lovers of maritime atmosphere could take a boat-trip round the harbour for instance (-> *a bis z*: Schiffsfahrten). Or why not stroll along the lovely residential streets and have a break in one of the many inviting cafés and bistro's.

Die Stichworte

Am Abend

Bremer Spielbank, Böttcherstr.
3 - 5, Tel. 3 29 00-0. Roulette
und Black Jack, Spielzeit:
So - Do 15 - 2 Uhr, Fr,
Sa 15 - 3 Uhr; Krawattenzwang.

In der Spielbank

Weser-Bord-Party
(-> *a bis z*: Schiffsfahrten)

Discos (nach Stadtteilen)

Callas, Körnerwall 1,
Di - Do 22 - 3 Uhr,
Fr, Sa 22 - open end, Bahn 3,
10 H: Sielwall. Kleine Disco im
Viertel, für Leute ab Ende 20.
Delight, Liebfrauenkirchhof 23,
Tel. 32 86 22, Do ab 22 Uhr.
Fr und Sa ab 23 Uhr ,
H:Domsheide
Lila Eule, Bernhardstr. 10,
Tel. 7 84 31, tgl. ab 22 Uhr,
Di ab 20 Uhr, Bahn 2, 3, 10 H:
Sielwall. Ur-Disco, hauptsäch-
lich jüngere Leute
Imperial, Herdentorsteinweg
38/40, Tel. 1 24 35,

a bis z

Di, Mi, Do, So ab 21, Fr, Sa ab 22Uhr. H: Bahnhof. Trend-Disco, relativ teuer.
Scala, In der Vahr 64, Tel. 46 42 46, Fr, Sa und vor Feiertagen ab 22 Uhr, Bahn 1 H: Kaserne Vahr. Etwas teurer.
Woody's Discothek, Rembertiring 19, Tel. 32 68 37, Di - So ab 21 Uhr, Bahn 10 H: Am Dobben.
Old Fashion, Hillmannplatz 20, Tel. 1 23 40, So - Do 21 - 4, Fr, Sa 21 - 5; unten im Marriott-Hotel, H: Bahnhof. Gehobener Treff für schicke Leute.

außergewöhnliche Lokale, Kneipen & Bistros
-> Essen & Trinken

Live-Musik hören
Die Glocke, Domsheide, Tel. 32 66 48, H: Domshof. Konzerte jeder Art: von Klassik über Pop bis hin zu Chansons
Jazzclub, Bahnhofsplatz 29/ Eingang Rembertiring, Tel. 32 79 77, H: Bahnhof. Fr und Sa ab 20 Uhr
Roots & Culture, Bürgermeister-Smidt-Str. 30, Tel. 17 02 09, Mi Konzerte ab 21 Uhr, Fr und Sa ab 22 Uhr, Küche bis 2 Uhr, Bahn 10 H: Falkenstraße. Reggae-Disco.

Kulturzentrum Schlachthof, Findorffstr. 51, Tel. 37 16 61, Bus 26 H: Findorffallee. In der Kesselhalle häufig Konzerte, Theatervorführungen etc.
St.-Petri-Dom. Regelmäßige Domkonzerte, jeweils Do 19 Uhr. Eintritt frei H: Domsheide
Waldbühne im Bürgerpark (mit Biergarten), Parkallee, Tel. 21 74 15, April - Oktober

tgl. 12 - 24 Uhr, sonst Sa 14 - 20 Uhr, So 11 - 18 Uhr. Bahn 5 H: Kulenkampffallee. Im Bürgerpark unter alten Eichen: Live-Musik mit Oldie-, Jazz- und Dixielandbands jeden Sonntag 10 - 14 Uhr.
Wüste Stätte Nr. 11 (im Schnoor), Tel. 32 61 01, tgl. ab 18 Uhr, Küche 20 - 24, H: Domsheide. Blues-, Rock- und Jazzkonzerte, Varietévorstellungen.

Airport, Am Dobben 70,
Tel. 7 45 12, tgl. ab 23 Uhr,
Bahn 10 H: Am Dobben
Katja's Nightclub, Bahnhofstr.
5, 21 - 5 Uhr, H: Bahnhof
Karen's Tabatière, Schnoor 20,
Tel. 32 51 05, 21 - 5 Uhr,
H: Domsheide

Restaurants
-> Essen & Trinken

Auskünfte Information ℹ

Tourist-Information
am Hauptbahnhof, Öffnungszeiten: Mo - Mi und Fr 9.30 -
18.30 Uhr, Do 9.30 - 20.30
Uhr, Sa 9.30 - 14 Uhr (langer
Samstag wie Einzelhandel), So
9.30 - 15.30 Uhr.
am Liebfrauenkirchhof,
Öffnungszeiten: Mo - Mi und Fr
9.30 - 18.30 Uhr, Do 9.30 -
20.30 Uhr, Sa 9.30 - 14 Uhr
(langer Samstag wie Einzelhandel), So 9.30 - 15.30 Uhr.
Geschäftsstelle des
Verkehrsverein der Freien
Hansestadt Bremen,
Hillmannplatz 6,
28195 Bremen,
Tel. (0421)
30 800-0,
Geschäftszeiten:
Mo - Do 9 - 16 Uhr,
Fr 9 - 13.30 Uhr;
für telefonische und
postalische Anfragen.

Autovermietung 🚗

Hertz, Tel. 55 53 50
AVIS, Tel. 55 80 55
Autohansa, Außer der
Schleifmühle 60/62,
Tel. 335 99-10
Detjen, Auf der Brake 19,
Tel. 32 12 03

Behinderte ♿

Der Verein „Hilfe für
Behinderte" - Waller Heerstr.
53, Tel. 38 30 66 - hält
Informationen und einen
Stadtplan für Behinderte bereit.

Bremer Bräuche

Wenn man 30 und unverheiratet ist ... - die Domtreppen
Bremer, die mit 30 noch nicht
verheiratet sind, müssen in
Frack und Zylinder, zu Drehorgelmusik die Domtreppen
fegen, und zwar so lange, bis
eine „Jungfrau" ihn
freiküßt. Im Zeichen der
Gleichberechtigung
werden Frauen auch
nicht verschont,
denn sie
müssen die
Domklinken
putzen, bis ein
„Jungmann" sich
erbarmt.
Nach der

Neulich, nachts um halb eins...

Zeremonie wird ausgelassen weitergefeiert.

Eiswette -

Geiht oder steiht die Weser?

Jedes Jahr am 6. Januar wird am Punkendeich in Höhe des Sielwalls gewettet: feine Herren

Domtreppen-Fegen

mit Zylindern wetten, ob es einem Schneidermeister, der nicht mehr als 99 Pfund wiegen darf, gelingt, mitsamt seinem heißen Bügeleisen trockenen Fußes von einem Weserufer zum anderen zu gelangen. Da die Weser wegen ihres Salzgehaltes heutzutage recht selten zufriert, wird vorher festgelegt, wer für „geiht" (nicht zugefroren) und wer für „steiht" (zugefroren) wettet.

Schaffermahlzeit

Die Tradition dieses Festessens geht zurück auf das Jahr 1545. War es früher das Abschiedsmahl der Kaufleute und Reeder für ihre Kapitäne, die auf große Fahrt gingen, so ist das Schaffermahl heute ein fünfstündiges Gelage, bei dem eine illustre Herrenriege aus Politikern, Unternehmern, Kaufleuten und Konsuln am zweiten Freitag im Februar in der Oberen Rathaushalle viel Kohl und Pinkel essen.

Kohl- & Pinkelfahrt

Die Saison der Kohl- und Pinkelfahrten dauert von November bis März. Man trifft sich vorweg zu einer Wanderung, um den nötigen Hunger für das Kohlessen zu bekommen. Um sich auf dem Weg aufzuwärmen und die Stimmung anzuheizen, wird zwischendurch Korn getrunken, und zwar aus Eierbechern, die alle Teilnehmer an einem Band um den Hals tragen. Das Essen selbst besteht aus Braunkohl (der aber grün ist) mit Kasseler, Pinkelwurst, Rauchenden und Speck, dazu Kartoffeln. Nach dem Essen wird dem oder derjenigen, der/die am meisten und am längsten Kohl gegessen hat, ein Freßorden verliehen. (-> Spezialitäten)

Bremer Slang

umzu = drumherum
um'n Pudding gehen = um etwas herumgehen
mittenmang = mitten drin
'n büschen ab vom Schuß = etwas abseits liegen

up'n Swutsch = (abends)
ausgehen

Klönsnack = Gespräch

3 x ist Bremer Recht = Mehrere
Versuche sind erlaubt, damit es
beim 3. Mal endlich klappt.

Einkaufen

Kaufhäuser, Fachgeschäfte und
Boutiquen: Sögestraße,
Obernstraße und umzu

Einkaufspassagen:
Lloydpassage, Lloydhof,
Katharinenklosterhof und
Hillmannpassage

Lloydpassage

Ostertor: kleine Läden und
Boutiquen - Ostertorsteinweg,
Vor dem Steintor und angren-
zende Straßen. Dort gibt es
auch Naturkost und Szene-
läden.

Essen & Trinken

Cafés (nach Stadtteilen)

Café Tölke, Schnoor 23 A, Tel.
32 43 30, tgl. 10 - 23 Uhr. Am
Eingang zur Straße Schnoor;
kleine Tische, gemütliche
Wiener Kaffeehausatmosphäre.

Katzencafé, Schnoor 38, Tel.
32 66 21, tgl. 11 - 24 Uhr.
Mitten im Schnoor, ideal zum
Draußensitzen im schön
begrünten Innenhof.

Raths-Konditorei, Am Markt
11, Tel. 1 25 93, Mo - Fr 10 -
18 Uhr, Sa 10 - 17. Bei
schönem Wetter direkt auf dem
Marktplatz sitzen, unter rot-
weißen Sonnenschirmen.

Van Houten House, Obernstr.
20, Tel. 3 37 86 00, tgl. 9.30 -
18.30 Uhr, Sa 9 - 14 Uhr; in
der 2. Etage mit Blick auf die
Obernstraße.

Café Jacobs Konditorei,
Knochenhauerstraße 4, Tel.
1 31 47, tgl. 9.30 - 18.30 Uhr

Café Knigge, Sögestraße 42/
44, Tel. 1 30 68, Mo -
Fr 9 - 18.30, Sa 9 - 18 Uhr,
So 12 - 18 Uhr

Café Stecker, Knochenhauerstraße 14, Tel. 1 25 93, Mo - Fr
8 - 19, Sa 8 - 16 Uhr

Kaffeehaus am Emmasee
(Bürgerpark), Tel. 34 42 41,
tgl. 11 - 21 Uhr

außergewöhnliche Lokale, Kneipen & Bistros
(nach Stadtteilen)

Schüttinger, Hinter dem Schütting, Tel. 3 37 66 33, 1. Bremer Gasthausbrauerei, tgl. ab 11 Uhr. Lange Tische

Kleiner Ratskeller, Hinter dem Schütting 11, Tel. 32 61 68, Mo - Sa 10 - 24, So 18 - 24 Uhr Küche 10 - 23 Uhr.
Gutes Essen

Comturei, Ostertorstr. 30, Tel. 32 50 50, tgl. 11 - 24 Uhr. Restaurant im historischen Keller.

special Tip

Bremens Bistro Boulevard - *die köstlichsten 300 Meter Bremens mit Kneipen, Bistros und Restaurants - ist* **Auf den Höfen**, *in einem Innenhof-Areal, das man über die Straße „Auf den Häfen"erreicht.*
Eine kurzweilige Mixtur für die unterschiedlichsten Vorlieben. Unbedingt einen Bummel wert!

Zum Kaiser Friedrich, Lange Wieren 13, Schnoor, Tel. 32 64 29, Mo - Sa 12 - 23.30 Uhr. Die urigste Bremer Kneipe mit volkstümlichem Essen.

Café Kunst, Dechanatstraße 13 - 15, Tel. 3 39 80 24, Mo - Do 10 - 2, Fr ab 10, Sa ab 19 Uhr, kaltes Buffet um 23, 24 und um 1.

Kleiner Olymp, Hinter der Holzpforte 20, Schnoor, Tel. 32 66 67, Mo - Fr ab 16, Sa ab 11, So ab 15 Uhr (Küche bis 0.30 Uhr). Leckere Fischgerichte; schönes altes Haus.

Hegarty's, Ostertorsteinweg 80, tgl. 10 - 2 Uhr, Fr und Sa 10 - 4 Uhr. Bahn 10 H: Sielwall. Typisch irisches Essen zum Guinness (6,- DM) und zu irischer Musik. Publikum jeden Alters mit Holzfällerjacken.

Casablanca, Ostertorsteinweg 59, Tel. 32 64 30, Mo - Sa ab 8.30 Uhr, So ab 10, Bahn 2, 3, 10 H: Theater am Goetheplatz. Frühstücksbuffet; warme Küche bis 1 Uhr.

Café Gün, Fedelhören 73, Tel. 32 63 36, tgl. 14 - 24 Uhr. Der Künstlertreff: the coolest place in town.

Restaurant Am Deich 68, Tel. 5 97 96 82, tgl. außer Mo 18 - 2 Uhr. Bahn 6 H: Westerstraße. Gut essen und trinken im Künstlerhaus an der Weser.

Sewastopol, Am Schwarzen Meer 27, Tel. 49 42 99, tgl. 18 - 2 Uhr, Bahn 2, 3, 10 H: St.-Jürgen-Straße. Vorne ein russischer Metro-Zug, hinten der Speisewagen; die Bedienung in Armeeuniform. Russische Küche, preiswert und gut; nicht chic, aber einmalig!

Zum Halben Mond, Sielwall 73, Tel. 7 67 56; tgl. 19 - 1 Uhr, Bahn 2, 3, 10 H: Sielwall. Gemütliche Kneipe mit der Originalausstattung einer alten Bremer Schankwirtschaft, Karte mit preiswerten, wohlschmeckenden kleinen Gerichten.
Maerz, Sielwall 29, Tel. 7 87 19, tgl. ab 19 Uhr, Bahn 2, 3, 10 H: Sielwall. Szenekneipe, wenn andere Gaststätten schon öde sind, ist dort noch was los.

special Tip

Szene-Restaurants

Gehen Sie direkt dorthin, klagen nicht über Ihr Los, sondern erleben erfreulich anderes Essen & Trinken und ein besonderes Flair. In den "Viertel"-Gastronomien:
Sewastopol, O'blowmoof, Oper, Hegartys, Zum halben Mond und Das kleine Lokal.

O'blowmoof, Feldstr. 6, Tel. 7 26 10, tgl. ab 19 Uhr. Bahn 1, 10 H: Am Dobben. Die Voodoo-Ausstattung und das passende Essen sind einmalig. Klein und gut, nicht teuer. Gemischtes Publikum ohne Krawatte.
Oper, Feldstr. 19, Tel. 70 22 81, tgl. 18 - 2 Uhr. Gut & günstig. Gelungene Ausstattung. Bahn 1, 10 H: Am Dobben.

Gerken, Feldstr. 77, Tel. 7 14 55, Bahn 1, 10 H: Am Dobben. Hier treffen sich immer noch die gleichen und die selben Leute seit 1968.
Médoc, Friesenstr. 103, Tel. 7 35 50, tgl. ab 12 Uhr, Bahn 2, 3, 10 H: St.-Jürgen-Straße.
Leierkasten (typischer Biergarten). Pagentorner Heimweg 33, Tel. 498 82 77, tgl. 19 - 2 Uhr (im Sommer 15 - 2 Uhr); Küche 20 - 24 (im Sommer 18.30 - 13.30 Uhr. Bus 25 H: Stader Straße; liegt etwas versteckt in einer Kleingartenkolonie; jüngeres Publikum bis 50, etwas ökomäßig angehaucht.
Café Kairo, Walle, Reuterstr. 9 - 17, Tel. 39 27 72, Mo, Di 19 - 2 Uhr, Mi - Sa 20 - 2 Uhr, So 18 - 2 Uhr, Küche bis 24 bzw. 1 Uhr; Bahn 2, 10, H: Utbremer Straße. Jeden So Lindenstraße auf Großleinwand.
TIP: In vielen Kneipen im Viertel gibt es kostenlose Postkarten.

Restaurants (nach Stadtteilen)
Fiskboden, Böttcherstraße 2, Tel. 3 69 66 29; Di - Sa 11.30 - 14 und 18.30 - 23 Uhr
Fleet, Böttcherstraße 3-5, Tel. 32 09 95; Mo - Sa 11 - 15 und 18 - 23 Uhr, So Ruhetag.
Beck's in'n Snoor, Schnoor 34 - 36, Tel. 32 31 30, tgl. 11 - 0.30 Uhr (Küche 11.30 - 23.30 Uhr)

Friesenhof, Hinter dem
Schütting 12/13, Tel. 3 37 66
66; tgl. 11 - 24 Uhr
Amtsfischerhaus, Schnoor 31,
Tel. 32 32 87, tgl. 10 - 24 Uhr
Bremer Ratskeller, Am Markt,
Tel. 32 16 76; tgl. 10 - 24 Uhr,
warme Speisen von 12 - 14.30
und von 18 - 21.30 Uhr.
Grashoff's Bistro, Contrescarpe
80 (im Marriott-Hotel), Tel. 1 47
40, Mo - Fr 10 - 20, Sa 10 - 16
Uhr, H: Bahnhof.

Im Friesenhof

Das kleine Lokal, Besselstr.
40, Tel. 7 19 29, Di - So 18 - 1
Uhr, Bahn 1, 10 H: Am Dobben.
Gemütliches Ambiente durch
schöne Holzmöbel. Reservie-
rung empfohlen, weil klein und
sehr gutes Essen. Nicht billig.
Meierei im Bürgerpark, Tel. 21
19 22 / 3 40 86 19, tgl. ab
11.30 Uhr (Küche: 12 - 14.30
und 18 - 21.30 Uhr). Zufahrt
über Parkallee, Bus 22, 23 H:
Parkallee.

Fahrrad

Radfahrer/innen wird in
Bremen viel geboten: ein
650 km langes Radwegenetz
durchzieht die Stadt. Radfahrer
genießen grundsätzlich Vorfahrt
(jedenfalls verhalten sie sich
so) und dürfen z. B. in etlichen
Einbahnstraßen in beiden
Richtungen fahren. In die
nähere Umgebung von Bremen
lohnen sich wunderschöne
Radtouren, wenn Sie für ein
paar Stunden Natur pur
erleben wollen.
(-> *sehenswertes*: Natur pur)
Fahrradstation Bremen,
Bahnhofsplatz Tel. 30 21 14,
März - Dezember Mo - Fr 9.30 -
13 und 14.30 - 17 Uhr, Juni -
September Sa und So
zusätzliche Fahrradausgabe von
9.30 - 12 und Rückgabe von
17.30 - 18 Uhr. Fahrradverleih,
bewachter Fahrradparkplatz,
Radwanderkarten, Radfahrer-
stadtplan.
ADFC (Allgemeiner Deutscher
Fahrrad-Club) - Bundes-
geschäftsstelle, Am Dobben
91, Tel. 7 40 52

Feiertage

Zum Leidwesen der Bremer/
innen gibt es nur das absolute
Minimum an möglichen
Feiertagen: 1. Januar,
Karfreitag, Ostermontag, 1.

Mai, Himmelfahrt, Pfingstmontag, 3. Oktober, Buß- und Bettag, 1. und 2. Weihnachtstag

Flohmärkte

auf der Bürgerweide vor dem Kulturzentrum Schlachthof, ganzjährig jeden Sonntagvormittag von 7 - 14 Uhr
an der Weserpromenade, ganzjährig Sonnabend 8 -14 Uhr, an verkaufsoffenen Sonnabenden bis 16 Uhr; von Mai bis Ende September zusammen mit dem
Kajenmarkt (-> *rundgang*)

Geld

Geldwechsel:
Postamt 5,
Bahnhofsplatz 21:
Ankauf: tgl. 7 - 22 Uhr,
Verkauf: Mo - Fr 8 - 18 Uhr,
Sa 8 - 13 Uhr
Wechselstube Hauptbahnhof:
Deutsche Verkehrs- und Kreditbank, Mo - Fr 8 - 18.30 Uhr, Sa 8.45 - 14 Uhr
Flughafen:
Deutsche Bank, Mo - Fr 8 - 20 Uhr, Sa 9 - 14 Uhr
Innenstadt:
Sparkassen und Banken Mo - Mi 9 - 16.30 Uhr, Do 9 - 18 Uhr, Fr 9 - 15.30 Uhr

Information
-> Auskünfte

Kartenvorverkauf

Ticket-Service-Center,
Bürgerweide (Stadthalle),
Tel. 35 36 37, Fax 35 82 93 oder bei den Tourist-Informationen am Hauptbahnhof und am Liebfrauenkirchhof

Kinder

Sport- und Freizeitbad Vegesack (Fritz-Piatkowski-Bad), Im Fährgrund 16, Tel. 66 22 40; **Aquadrom**, Hans-Bredow-Str. 17, Tel. 42 20 83; **Eislaufhalle** auf der Bürgerweide, Tel. 35 05-230 und **Eisstadion** am Jakobsberg, Tel. 44 07 76; **Kinder- und Jugendfarm Habenhausen**, Tel. 83 27 98; **Minigolf, Ruderpartie und Tiergehege** im Bürgerpark; **Museumspädagogischer Dienst** im Focke Museum, Tel. 361-32 84 und im Übersemuseum, Tel. 361-97 36; **Theatrium** Puppentheater (-> *a bis z*: Theater); **Rundfunkmuseum** (-> *a bis z*: Museen & Galerien); **Freizeitpark Verden**, Tel. (0 42 31) 6 40 83; **Museumseisenbahn** in Bruchhausen-Vilsen, (0 42 52) 44 14; **Vogelpark Walsrode**, Tel. (051 61) 20 15; **Zoo am Meer** (-> *umgebung*: Bremerhaven). (Infos auch in den speziellen Kinderreiseführern „Bremen für Kinder" und „Bremen von klein auf".)

Kneipen, Lokale & Bistros
-> Essen & Trinken

Kongresse

finden statt im **Congress Centrum** Bremen auf der Bürgerweide und direkt nebenan in der **Stadthalle**.

Kulturzentren

Kulturzentrum Lagerhaus, Schildstraße 12, Tel. 70 14 61; Bahn 2, 3, 10 H: Sielwall
Kulturzentrum Schlachthof, Findorffstraße 51, Tel. 35 30 75, Bus 26 H: Findorffallee
Kulturwerkstatt Westend, Waller Heerstraße, Tel. 6 16 04 55, Bahn 2, 10 H: Waller Friedhof.

Literatur

Bremer Literaturkontor, Goetheplatz 4, Tel. 32 79 43, gibt monatlich „Literatur-Live" heraus, in dem Termine von Lesungen etc. bekanntgegeben werden.

Museen & Galerien

Übersee-Museum, Bahnhofsplatz 13, Tel. 361-91 76, Di - So 10 - 18 Uhr. Führung Do 17 Uhr. Völkerkundliche, natur- und handelskundliche Sammlungen mit den Schwerpunkten Südsee, Australien, Süd- und Ostasien, Afrika, Amerika, Region Bremen/Unterweser. Ganzjährig wechselnde Sonderausstellungen. Eintritt: 4,- DM

Focke-Museum (Bremer Landesmuseum für Kunst- und Kulturgeschichte), Schwachhauser Heerstraße 240, Tel. 361-35 75 oder Tel. 361-33 91 (Ansage v. öff. Zeiten), Di - So 10 - 18 Uhr. Bus 30, 31, 33/34, H: Focke-Museum. Kunst- und Kulturgeschichte Bremens, Stadtgeschichte, Bremer Schiffahrt, Vor- und Frühgeschichte, Volkskunde, Kunsthandwerk.

Im Überseemuseum

Ganzjährig wechselnde Sonderausstellungen. Eintritt: 2,- DM

Bremer Rundfunkmuseum, Findorffstraße 85, Tel. 35 37 97 oder 35 74 06, Mo, Di, Do, Fr 9.30 - 13 Uhr und 14 - 17 Uhr, So 10 - 12.30 Uhr. Eintritt: 2,- DM; Bus 26 H: Findorffallee.

Heimatmuseum Schloß Schönebeck, Im Dorfe 3 - 5, Vegesack, Tel. 62 34 32, Di, Mi, Sa 15 - 17 Uhr, So 10 - 12.30 Uhr und 15   17 Uhr. Eintritt: 2,- DM. Bus 70, 71 H: Schafgegend. (-> *sehenswertes*: Vegesack)

Kunsthalle Bremen, Am Wall 207, Tel. 32 90 80; Di 10 - 21 Uhr, Mi - So 10 - 17 Uhr. Bahn 2, 3 H: Theater am Goetheplatz. (-> *sehenswertes*: KulTour & MuSehn)

Neues Museum Weserburg, Teerhof 20, Tel. 59 83 90; Di - Fr 10 - 18 Uhr, Sa und So 11 - 18 Uhr. Bahn 2, 3, 6 H: Am Brill. (-> *sehenswertes*: KulTour & MuSehn)

Gerhard Marcks Haus, Am Wall 208, Tel. 32 72 00; Di - So 10 - 18 Uhr, Führungen Do 17 Uhr; Parkmöglichkeiten in der Tiefgarage Ostertor/Theater. Bahn 2, 3 H: Theater am Goetheplatz. (-> *sehenswertes*: KulTour & MuSehn)

Paula Becker-Modersohn-Haus, Böttcherstraße 8 - 10, Tel. 336 50 77; Di - So 11 - 17 Uhr, Mo 14 - 17 Uhr. (-> *rundgang*: Böttcherstraße)

Ludwig Roselius Haus, Böttcherstraße 6, Tel. 32 19 11; Mo - Do 10 - 16 Uhr, Sa, So 11 - 16 Uhr. Altdeutsche und niederländische Malerei und Plastik, Kunsthandwerk, Waffensammlungen aus versch. Jahrhunderten, Plastiken und Architektur von Bernhard Hoetger

Dom-Museum im St.-Petri-Dom, Sandstraße 10 - 12, Tel. 36 50 40 und 3 65 04 41

Galerien

Städtische Galerie im Buntentor, Buntentorsteinweg 112, Tel. 361-58 26, Bahn 1 H: Gneisenaustraße. Di - Fr 10 - 16 Uhr, So 11 - 16 Uhr

Galerie Rolf Ohse, Contrescarpe 36, Tel. 32 75 50, Bahn 1 und 5 oder Bus 24, 25, 30, 31, 33/34 H: Schüsselkorb. Mo - Fr 10 - 13 Uhr und 15 - 18 Uhr, Do bis 20.30 Uhr, Sa 10 - 13 Uhr

Galerie Katrin Rabus, Plantage 13, Tel. 35 65 68, Bahn 10 und Bus 25 H: D.-von-Büren-Straße. Mo - Fr 15 - 18 Uhr, Do 15 - 20.30 Uhr, Sa 11 - 14 Uhr *Ein Faltblatt mit den Adressen und Veranstaltungen aller Galerien ist beim Verkehrsverein erhältlich. Hier werden nur einige genannt.*

Öffentliche Verkehrsmittel

Übersichtskarte -> Seite 67 Info-Telefon der BSAG: 55 96-333 (Auskunft über Straßenbahn- und Busverbindungen)

Fahrpreise im Fahrzeug:
Einzelfahrausweis 3,- DM,
Kurzstreckenkarte 1,50 DM,
Kinderfahrausweis 1,50 DM
Sammelkarten im Vorverkauf
(Kiosk): Viererkarte 8,80 DM,
Kurzstrecken-Achterkarte 10 DM,
Kinderzehnerkarte: 12,- DM
Bremer Kärtchen: übertragbare
Tageskarte, Mo - Fr gültig für
eine Person, an Wochenenden
und Feiertagen gültig für bis zu
2 Erwachsene und 4 Kinder:
6,50 DM
Fahrzeiten tgl. 5 - 24 Uhr;
Nachtlinien: Fr, Sa und vor
Feiertagen um 1 Uhr und
2.30 Uhr ab Domsheide

Parken

Tiefgarage Ostertor/Theater
Parkhaus Mitte/Pelzerstraße
Parkhaus Katharinenklosterhof
Parkhaus Violenstraße
Parkhaus Am Brill/
Hankenstraße
Parkhaus Faulenstraße
Diepenau
Parkhaus Hillmannstraße
Parkplatz Bürgerweide (P+R)

Parks & Grünanlagen
Wallanlagen
-> *sehenswertes*: Natur pur)
Bürgerpark und Stadtwald
(-> *sehenswertes*: Natur pur)
Rhododendron-Park mit
Botanischem Garten

(-> *sehenswertes*: Natur pur)
Knoops Park in St. Magnus
(-> *sehenswertes*: Vegesack)

Kremserfahrt

Post & Telefon
Postamt 5, Bahnhofsplatz 21,
tgl. 7 - 22 Uhr
Postamt 1, Domsheide 15, Mo-
Fr 8 - 18 Uhr, Sa 9 - 13 Uhr
und in den Stadtteilen; dort
mittags geschlossen.

Restaurants
-> Essen & Trinken

Schiffsfahrten

ab Bremen:
Hafenrundfahrten ab Martini-
Anleger, März - Oktober, tgl. um
11.30, 13.30, 15.15, von April-
September auch 10 und 16.45
Uhr, Dauer ca. 75 Minuten,
Kosten: 12,- DM, Kinder 6,50
DM. Auskunft: Schreiber
Reederei, Schlachte 2,
Tel. 32 12 29

Bremen - Stadt am Fluß, ab
Martini-Anleger. Mitte März -
Oktober, jeden So 14.30 - 16
Uhr, Dauer ca. 90 Minuten,
Kosten: 12,- DM. Auskunft:
Verein Hal över, Sielpfad 3,
Tel. 7 48 59.

**Weserabflußfahrt mit Robin
Wood,** Dauer: 3 Std., Kosten:
10,- DM. Buchung über: Hal
över e. V., Sielpfad 3,
Tel. 7 48 59

**Schiffsfahrten weserabwärts
bis Bremerhaven**; ab Martini-
Anleger. Himmelfahrt - Mitte
September; Mi, Do, und Sa
8.30 Uhr; Bremerhaven an 12
Uhr; Rückfahrt: Bremerhaven ab
15.15 Uhr, Bremen an 19 Uhr.
Kosten: 32,- DM. Auskunft:
Schreiber Reederei.

Weser-Bord-Party: 5 Std. Party-
Tanzvergnügen und kaltes
Büffet. Jeden Sa von Mai -
Oktober 19.30 - 0.30 Uhr ab
Martini-Anleger, von Januar -
März Kohl- & Pinkelfahrten.
Preis: 51,- DM (alles außer
Getränke inkl.). Veranstalter:
Friesenhof, Hinter dem
Schütting 12/13; Reserv.:
Friesenhof, Tel. 3 37 66 66
oder Schreiber Reederei,
Schlachte 2, Tel. 32 12 29

ab Bremerhaven:

**Mini-Kreuzfahrten nach
Helgoland** mit der „MS
Helgoland" ab Seebäderkaje
(vor Strandhalle und Zoo am

Meer), April - September
Abfahrt tgl. 9.45 Uhr, zurück in
Bremerhaven um 19 Uhr
Tagesrückfahrkarte Erwachsene
55,- DM, Kinder 27,50 DM,
Familienkarte 126,- DM.

Auskunft und Buchung:
Verkehrsamt der Seestadt
Bremerhaven (04 71) 94 64 60
oder Reederei Warrings,
Wittmund/Carolinensiel, Tel. (0
44 64) 80 21.

Hafen- und Weser-Rundfahrt
mit der „**MS Mecki**", April -
Mai, Mi - So 14 und 15.30 Uhr;
Ende Mai - Mitte September,
Mi- So 10.30, 12, 14, 15.30
und 17 Uhr; Dauer: 1 Stunde.

Rundfahrt mit MS Mecki

Preis: 10,- DM/Kinder 5,- DM.
Auskunft und Buchung:
Verkehrsamt der Seestadt
Bremerhaven, Tel. (04 71) 94
64 60 oder BVV-
SEA-liner-Service,
Tel. (04 71) 4 77-15 00

a bis z

Schließfächer

Im Bahnhof und Flughafen (Abflughalle)

Souvenirs

Die Tourist-Informationen verkaufen Bremen-Souvenirs, z. B. Bremen-Bücher, Krawatten und Seidentücher mit Motiven der Stadtmusikanten, Keramik-Schnoorhäuser u.v.m.

Spezialitäten

Kükenragout: ursprünglich aus Stubenküken, heute aus zartem Hähnchenfleisch, mit Champignons, Zunge, Spargel, gelegentlich Kalbsbries, in Sauce aus Krebsbutter, dazu Blätterteighalbmonde.
Labskaus: Gemisch aus Rindfleisch, Zwiebeln und Kartoffeln, evtl. auch Salzheringe mit Gewürzgurken oder Rote Bete und Spiegelei.
Rote Grütze: aus Johannisbeeren, Himbeeren, Erdbeeren und Sago, serviert mit Sahne oder Vanillesauce.
Pinkel: Gemisch aus Speck, Talg, Zwiebeln, Hafergrütze und Piment, wird in Pinkeldarm des Rindes gefüllt, daher der Name! (-> Bräuche: Kohl und Pinkel)
Knipp: aus Schweinefleisch, Hafergrütze und Gewürzen, dazu Kartoffeln und saure Gurken. Sehr fett.

Klaben: Hefeteig, mit viel Rosinen, Korinthen und Sukkade. Sehr gehaltvoll.
Bremer Kluten: Pfefferminzkonfekt, das zur Hälfte mit Schokolade überzogen ist.

Sport & Vergnügen

Weser-Stadion am Osterdeich: ca. 40.000 Plätze, Austragungsort der Fußballheimspiele des SV Werder (-> Werder)
Uni-Badesee in der Nähe der Uni, sowohl FKK- als auch Textil-Bereich, Surfen und Wassersport.
Schwimmbäder, Frei- und Hallenbäder, in allen Stadtteilen -> Kinder
Galopprennbahn in der Vahr. Jeden Monat zwischen April und November, Infos: Tel. 46 33 07, Bus 25 H: Rennplatz.
Finnbahn im Stadtwald hinter der Eisenbahnlinie: **Jogging**
Golf und **Hockey** in Horn, Deliusweg
Eislaufen in der Eislaufhalle auf der Bürgerweide, Tel. 35 05-230 und im Eisstadion am Jakobsberg, Tel. 44 07 76

Stadtmedien

Radiosender: Radio Bremen mit den 4 Sendern: Hansawelle, Radio Bremen 2, 3 und 4, ausgestrahlt über zwei Mittel-,

sechs UKW- und einen
Kurzwellensender
TV: Radio Bremen Fernsehen
mit Regionalbeiträgen wie
„buten und binnen" (Mo - Fr
19.25 - 19.50 Uhr), „Up'n
Swutsch" (Sa 22 - 23 Uhr) und
„3 nach Neun" (jeden zweiten
Fr 22 - 24 Uhr) im 3. Programm.
Tageszeitungen: Weser Kurier
und Bremer Nachrichten, taz -
Bremer Ausgabe
Stadtillustrierte: Bremer, Prinz
Tips und Termine: Bremer,
Prinz und Mix
(Mix liegt kostenlos aus).

Stadtrundfahrten & Stadtführungen

zu Fuß

Stadtrundgänge ab Tourist-
Information am Bahnhof: tgl.
14 Uhr, Kosten: 9,- DM, Kinder
bis 14 frei, Karten, auch im
Vorverkauf, bei den Tourist-
Informationen; Dauer: 2 Std.
Stadt-Land-Fluß: Bremen
Mittenmang, Rundgang durch
die Innenstadt,Treffpunkt
15 Uhr, Domtreppen.

per Bus

Stadtrundfahrten (deutsch/
englisch) ab Hauptbahnhof
(ZOB): tgl. 10.30 Uhr - Karten,
auch im Vorverkauf, bei den
Tourist-Informationen; Kosten:

20,- DM, Kinder bis 12 Jahre
10,- DM; Dauer: 2 Std.

per Bahn

Stadtrundfahrt mit Museums-
straßenbahn von 1954, Abfahrt
Sa und So jeweils 11, 14 und
15.30 Uhr ab Wendeschleife
Bürgerpark neben der Stadt-
halle. 5 Min. später Halt am
Hauptbahnhof, weitere 5 Min.
später an der Domsheide /
Gerichtshaus. Fahrkarten und
weitere Infos über Bremen beim
Schaffner. Kosten: normaler
Straßenbahntarif.

per Schiff   -> Schiffsfahrten

per Flugzeug

Cessna-Rundflüge für je
2 Personen veranstaltet bei
schönem Wetter der Bremer
Verein für Luftfahrt c. V. (BVL),
Tel. 5365311, Kosten: 60,-DM
Grundgebühr und 4,- DM pro
Minute. Dauer: nach Wunsch,
Buchung: mind. 2 Tage vorher

Taxi
Hansa-Funk-Taxen 1 41 41
Taxi-Roland 1 44 33
Taxi-Ruf Bremen 1 40 14
Autoruf Bremen-Nord 65 00 05

Theater
Kartenvorverkauf zentral über
Ticket-Service-Center, Stadt-
halle, Tel. 35 36 37, bei den
Touristik-Informationen oder
beim jeweiligen Theater.

a bis z

Bremer Shakespeare Company
(Theater am Leibnizplatz), Tel.
50 03 33; Bahn 1, 5 H:
Leibnizplatz

Concordia Tanztheater,
Schwachhauser Heerstraße 17,
Reservierungen Mo - Fr 12 - 18
Uhr, Tel. 36 53-333; Bahn 1
                    H: Parkstraße

Ernst-Waldau-Theater
(Niederdeutsche Bühne), Waller
Heerstraße 165, Tel. 38 30 31;
Bahn 2, 10 H: Bahnhof Walle

Junges Theater,
Friesenstr. 16-19, Tel. 700141

MOKS-Theater, Ostertor-
steinweg 57a, Tel. 36 53-392;
Bahn 2, 3 H: Theater am
Goetheplatz

Schauspielhaus, Ostertor-
steinweg 57 a, Reservierungen
Mo - Fr 12 - 18 Uhr,
Tel. 36 53-333; Bahn 2, 3
H: Theater am Goetheplatz

TAB (Theater aus Bremen),
Ostertorsteinweg 79,
Tel. 70 15 10

Theater am Goetheplatz,
Am Goetheplatz 1 - 3, Reser-
vierungen Mo - Fr 12 - 18 Uhr,
Tel. 36 53-333; Bahn 2, 3

Theater im Schnoor (Pack-
haus/Orchesterboden), Wüste
Stätte 11, Tel. 32 60 54;
H: Domsheide

Theatrium (Puppentheater für
Kinder und Erwachsene), Wüste
Stätte 11, Tel. 32 68 13;
H: Domsheide

Zimmertheater (Institut
Français), Contrescarpe 19,
Tel. 32 67 22, Bahn 2, 3
H: Theater am Goetheplatz

Unterkunft

Hotels

Beim Verkehrsverein ist eine
detaillierte Hotelliste erhältlich.
Adresse: Seite 49.

Camping

Campingplatz Bremen,
Am Stadtwaldsee 1 (Nähe Uni),
Tel. 21 20 02.

Jugendherbergen

Jugendgästehaus Bremen,
Kalkstraße 6, Tel. 17 13 69,
Preise: von 24,- bis 29,- DM.

Jugendherberge Blumenthal,
Bürgermeister-Dehnkamp-
Straße 22, Tel. 60 10 05,
Preise: von 18,- bis 22,- DM.

Veranstaltungen

6. Januar Eiswette am Punkendeich, in der Nähe der Sielwallfähre (-> Bräuche)
Mitte Januar Bremer Sechs-Tage-Rennen (Six Days), Stadthalle, traditionsreichstes Zweirad-Spektakel seiner Art
Ende Januar Literarische Woche mit Verleihung des Bremer Literaturpreises
Zweiter Samstag vor Aschermittwoch Faschingsumzug durch die Bremer Innenstadt, 15 Uhr, Marktplatz
2 Wochen um Ostern Osterwiese, Jahrmarkt auf der Bürgerweide (Karfreitag Ruhetag), tgl. 14 - 23 Uhr
Anfang Juni Vegesacker Hafenfest, rund um den „Utkiek"
um Pfingsten Breminale - Kultur zum Anfassen unter freiem Himmel, Osterdeichwiesen
Ende Mai Bremer Stadtfest, Rummel und Live-Musik in der City
Mitte/Ende Juli Maritime Woche mit Hafenfest in Bremerhaven
Mitte August Internationaler Bremer Sommer. Budenstadt auf Marktplatz und Liebfrauenkirchhof; tgl. von 11 - 22 Uhr, Sa und So 11 - 24 Uhr

Anfang September Vegesacker Markt, Aumunder Marktplatz
September Straßenfest im Ostertor- und Steintorviertel
September Musikfest Bremen, Klassische Konzerte an versch. Veranstaltungsorten
Mitte bis Ende Oktober Historischer Markt, tgl. 11 - 20 Uhr, Do 11 - 21 Uhr, Liebfrauenkirchhof

Bremer Shakespeare Company

die letzten beiden Wochen im Oktober „Ischa Freimaakt" (Jahrmarkt auf der Bürgerweide), tgl. 13 - 23 Uhr, Fr und Sa bis 24 Uhr - findet seit über 950 Jahren statt, Umzug durch die Stadt am Samstag in der Mitte des Freimarktes.
Dezember historischer Weihnachtsmarkt, Marktplatz, 10 - 19 Uhr, Do bis 21 Uhr, So 11.30 - 19.30 Uhr

a bis z

Werder Bremen

1899 gegründet, Farbe: grün-weiß, Sportverein mit verschiedenen Sparten, im Fußballbereich sehr erfolgreich durch personelle Kontinuität: Otto Rehhagel ist seit 1982 Trainer und Willi Lemke seit 1982

Werder Meisterschaftsfeier '93

Manager. Deutscher Meister: 1965, 1988, 1993; Pokalsieger: 1961, 1991; Europapokalsieger der Pokalsieger: 1992

Wetter

Beste Reisezeit von Mai bis Oktober, aber auch ab März bereits schöne Tage. Durchschnittlich 180 Tage ohne Regen, darunter viele Sonnentage. Die Winter sind feuchtmild, selten frostig.
Die Tagestemperaturen im Sommer bewegen sich zwischen 18° und 24° C, manchmal auch wärmer. Es weht häufig eine leichte Brise.

Wichtige Rufnummern

ACE Pannenhilfe 32 30 53, Notruf 396 11 33
ADAC Pannenhilfe 1 92 11, Notruf (0 - 24 Uhr) (0 18 02) 22 22 22
Ärztlicher Notdienst 1 92 92 (19 - 7 Uhr)
Deutsche Bahn-Auskunft 1 94 19 (7 - 22 Uhr)
Feuerwehr 112
Flughafen Auskunft (6 - 23 Uhr) 5 59 51
Fundbüro, Stadtamt, Auf der Kuhlen 1A, Tel. 362-31 17
Kinoprogramme Bremen-Mitte und Neustadt 1 15 11
Polizei 110
Telefon Auskunft 0 11 88
Veranstaltungskalender 11517
Verkehrsfunk-Infotelefon (6 - 24 Uhr) 20 39 39 6 39
Zahnärzt-licher Notdienst 1 22 33 (Behandlungszeit 21 - 24 Uhr)

Wochenmärkte

Domshof tgl. 6 - 14 Uhr
Findorffmarkt Di, Do, Sa 8 - 13.30 Uhr und in etlichen Stadtteilen.

Register • **I**nhaltsverzeichnis

EIN TAG
DURCH
BREMEN

DM 6,50

Für 6 Mark 50 können Sie mit dem Bremer Kärtchen alle Sehenswürdigkeiten Bremens an einem Tag erreichen. An Samstagen, Sonn- und Feiertagen fahren sogar bis zu 2 Erwachsene und 4 Kinder mit dieser Fahrkarte! Der Roland wartet...

BSAG
FÜR ALLE MENSCHEN
UNSERER STADT

Fotonachweis: M. Hinkelmann: Titel, 10, 11, 12, 13, 14, 21, 26, 28, 44 • T. Krüger: 6, 17, 18, 20, 25, 29, 32, 33, 35, 38, 39, 40, 48, 50, 51, 64 • M. Menke: 61 • Die anderen Fotos wurden uns freundlicherweise von den Firmen und Institutionen zur Verfügung gestellt. Zeichnungen Stadtmusikanten von Lorenzon: 15, 49 • Zeichnungen Böttcherstraße, Stadtplan und Umgebungskarte: B. Lübbers 8/9, 16, 31, 68/69

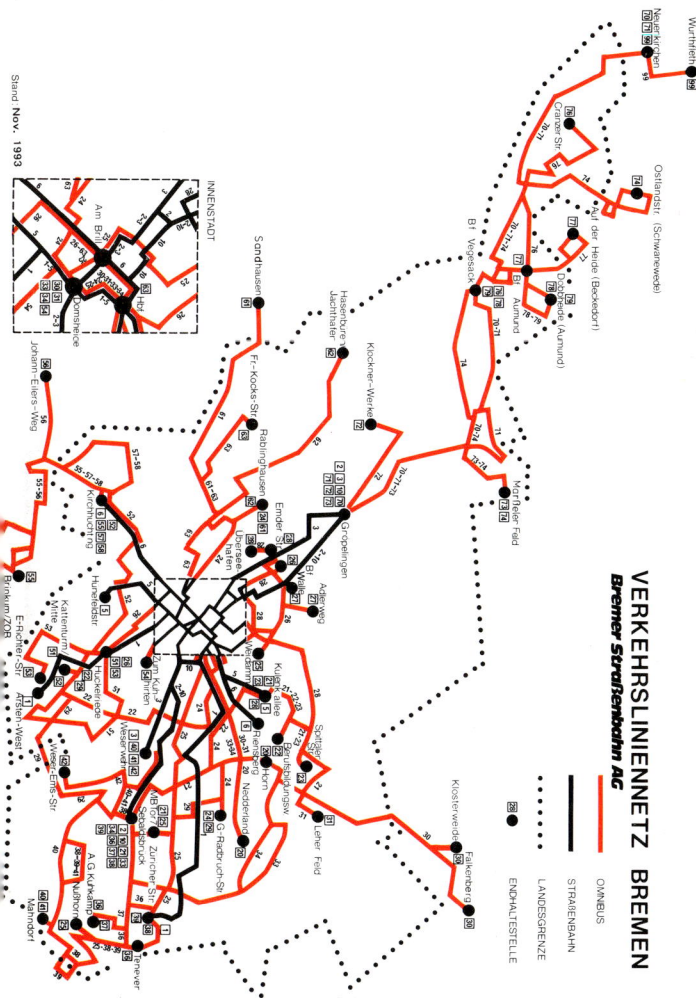

VERKEHRSLINIENNETZ BREMEN

Bremer Straßenbahn AG

OMNIBUS
STRAßENBAHN
LANDESGRENZE
ENDHALTESTELLE

Stand Nov. 1993

INNENSTADT